커피의 모든 것이 알고 싶다면...

홀릭 커피 & 바리스타

all that coffee

들어가는 말

커피가 기호식품으로 우리에게 다가온 것은 6.25전쟁 후로 미군들의 보급품인 인스턴트 커피에서 시작되었다고 할 수 있습니다.

커피로 인하여 일본 문화인 다방이 생기고 다방에서 새로운 직종인 "마담", "레지"라는 명칭이 나타났으며, 아침에 마시는 "모닝커피(커피에 계란 노른자를 넣음)"라는 한국식 변형 커피 메뉴도 생겼습니다. 젊은이들의 놀이 공간이 부족했던 7080세대에는 커피를 마시며 음악을 즐길 수 있는 소위 "음악 다실"이라는 모임 장소도 생겼습니다. 그러나 사람들의 건강에 대한 관심도가 증가하면서 커피에 들어 있는 카페인 성분에 대한 논란이 일기 시작했고, 그 틈을 이용하여 다양한 종류의 웰빙 음료가 음료 시장을 채우면서 마시는 물부터 시작하여 처음 접하는 수 십종의 음료까지 선택의 폭이 다양하게 넓어졌습니다. 이러다 보니 음악 다실, 다방의 존립은 쇠퇴하였고, 그 후 경제성장의 발전으로 프랜차이즈 형태의 외식 문화가 도입이 되어 와인과 커피에 대한 관심이 부각되기 시작하였습니다. 특히 비알코올성인 커피는 기호음료라는 특성과 커피전문점의 기능 폭이 넓다는 이유로 발전 속도가 가속화됐습니다. 1990년대 스타벅스라는 커피전문점이 유행에 민감한 여대 앞에 1호점을 개설하면서 우리나라의 커피 문화 양상이 본격적으로 수많은 프랜차이즈 커피전문점 형태로 변화하였습니다. 이러한 시대의 흐름에서 커피에 관심을 가지고 교육을 받고 자격증을 취득하여 카페 창업을 위해 준비하는 인구가 증가하였으며, 커피공화국이라는 표현을 할 만큼 커피의 붐이 지속되고 있습니다.

이러한 상황 속에 무엇보다도 중요한 것은 커피를 바로 알고 마시는 지식이 필요하다는 것입니다. 다행히 수많은 커피전문 서적이 출판되어 커피 애호가들에게 많은 도움을 제공하고 있습니다. 이 도서는 필자가 그동안 쌓아온 노하우가 담긴 커피 실무 지식을 전수하여 바리스타 자격증 취득과 함께 카페 창업까지 고려한 현실성 있는 커피전문 교재입니다. 물론 내용이 부족하거나 미흡한 점이 있을 수 있겠지만 부족한 내용은 앞으로 계속 채워 가면서 커피전문가를 위한 훌륭한 지침서가 될 것을 약속합니다.

이 책이 출간되기까지 많은 도움을 주신 커피관련 학계, 업계, 선·후배님과 출판을 도와주신 크라운출판사의 회장님과 편집부 직원분들께 감사를 전합니다. 특히 사진 촬영에 많은 도움을 주신 권찬양 선생님께 고마움을 전합니다.

허정봉, 한준섭

Coffee and Barista

part 1 커피와 바리스타

- chapter 1　커피 이야기 / 10
- chapter 2　바리스타 이야기 / 45
- chapter 3　에스프레소(Espresso) / 53

part 2 커피 자격증 실무 대비

- chapter 1　에스프레소의 추출 원리 / 66
- chapter 2　에스프레소의 추출 기준 / 72
- chapter 3　카페 카푸치노의 추출 원리 / 75
- chapter 4　바리스타 자격시험 / 84

Coffee and Barista

part 3 창업대비 카페 메뉴 실무

chapter 1   에스프레소 응용 메뉴 / 104
chapter 2   에스프레소 기계 관리 / 133
chapter 3   핸드 드립 커피(Hand Drip Coffee) / 145

Coffee and Barista

part 1

커피와 바리스타

chapter 1
커피 이야기

커피 개요

우리 주변에는 수많은 종류의 음료(Beverage)가 고급스럽게 포장되어 시판되고 있다. 그 중 커피를 포함한 차 종류는 기호음료라는 명목하에 우리들 생활에 없어선 안 되는 음료로 생활화되었다. 특히 커피는 우리나라에서 재배되지 않는 농작물임에도 불구하고 와인 열풍과 함께 우리 사회에서 남녀노소를 불문하고 사랑받고 있으며, 다양한 커피전문점의 개설로 인해 급격히 대중화되었다.

따뜻한 커피 한 잔

커피 열매의 발견

우리 인류가 언제, 어디서, 어떻게 커피를 발견하고 그 열매를 식용으로 먹기 시작했는지에 대해서는 일반적으로 알려진 두 가지 전설이 있다. 그 중에서도 아프리카 에티오피아의 목동인 「칼디(Kaldi)」의 전설이 널리 알려져 있는데, 칼디가 커피를 발견한 곳은 에티오피아의 카파(Kaffa)지역으로 커피 품종 중에서도 뛰어난 품질인 아라비카 품종의 커피나무가 자라는 지역이다.

❶ 칼디(Kaldi) 전설

1440년경 에티오피아 고원에서 목동인 칼디가 야생의 열매를 먹고 흥분하여 소란을 피우는 양떼를 발견하였고, 이 사실을 율법학자에게 알렸다. 이를 이상하게 여긴 율법학자가 그 열매를 시식하여 보니 온몸에 정기가 넘치고 밤을 새워 기도를 하여도 정신이 멀쩡하여 그 열매의 효능을 알게 되었다는 전설로, 목동의 이름을 따서 칼디 전설이 되었으며 이는 기독교적인 전설이다.

칼디(Kaldi) 전설

❷ 오마르(Omar) 전설

1258년경 아라비아의 승려 쉐이크 오마르가 죄를 짓고 아라비아의 오사바산으로 유배되었다. 산 속에서 배고픔에 괴로워할 때 우연히 한 마리의 새가 붉은 열매를 쪼아 먹고 있는 것을 보았는데, 허기에 지친 오마르가 그 열매를 따서 먹었다고 한다. 열매를 먹은 후 배고픔이 사라지고 피로가 풀리며 심신에 활력이 생긴 것을 느꼈다고 한다. 오마르는 이 열매로 병약한 사람들을 치료하여 지은 죄를 면제 받게 되었고, 후에는 성자로서 존경까지 받게 되었다.

오마르가 먹은 붉은 열매가 바로 커피 열매였으며, 오마르 전설은 회교적인 전설로 "오마르 커피" 상표도 여기에서 유래한 것이다.

커피에 대한 정확한 문헌 기록이 없기 때문에 이렇게 전설적인 유래로 그 기원을 추측해 볼 수 있겠다.

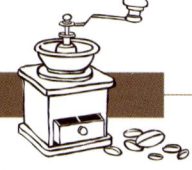

커피 열매 먹는 방법

옛부터 다양한 효능이 있다고 알려져 온 커피 열매는 먹는 방법이 더 중요하다. 위의 전설 속 사람들은 커피 열매의 붉은색 부분인 커피체리를 먹었지만, 지금 우리는 커피체리 속에 들어 있는 씨앗인 커피 콩을 말린 후 볶아서 물에 내려 먹는다. 즉, 커피는 시대, 지역, 문화, 문명의 발달 등에 따라 먹는 방법도 다양하게 변화되었다.

커피의 전래

초기의 커피 경작은 1470년경 아프리카 에티오피아의 고원지대에서 식용과 약용의 목적으로 시작되었다. 커피가 음료로서 사용된 시초는 종교적인 영향 때문으로 기독교에서는 와인을 음용했지만 술을 마시지 않는 이슬람 문화권에서는 커피를 마셨다. 따라서 커피라는 말의 기원은 고대 아랍어인 와인에서 유래되었다.

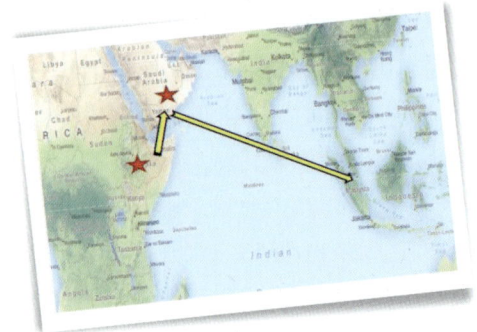

커피의 전래 경로

❶ 유럽 지역

유럽에 커피는 베니스의 무역 상인들에 의해 처음으로 소개되었다. 커피는 소개되자 마자 인기를 얻었지만 곧 종교적 논쟁에 휩싸이게 되었다. 교회 지도자들은 커피를 이교도의 새로운 양조법으로 간주하고 교황 클레멘트 8세에게 기독교인들이 마시기에는 적합하지 않다고 판결하기를 부탁하였다. 그러나 교황은 커피를 마신 후 커피의 맛과 향에 매료 당해 모든 기독교인들도 마실 수 있도록 세례를 주었다. 그리하여 커피는 종교적 억압을 탈피하고 아랍문화권을 벗어나 유럽에서 대중적인 인기를 얻기 시작했다.

그 후 1598년 커피라는 용어가 영어로 사용되었고, 1644년에 프랑스 마르세이유에 처음으로 커피가 전해졌다. 이를 계기로 프랑스 파리에 최초의 카페인 카페 드 프로코프(Cafe de Procope)가 생겼다.

영국은 유태인 야콥에 의하여 1650년에 커피하우스를 개점하였고, 1652년 파스콰로제가 런던에서 커피하우스를 개점하였다.

또한 1723년 가브리엘 마티유(Gabriel Matieu) 선장이 캐러비안 섬을 항해하던 중에 캐러비안 섬에서 커피나무를 가져오게 되었다. 가져오는 도중 해적선, 열대성 폭우, 극심한 가뭄에 맞섰지만 선장은 자기가 마실 물을 아껴 커피나무에게 물을 주었다. 마티유는 마티니크 섬에 커피나무를 소개하였고, 50년 후에 이 섬은 1,800만 커피나무를 보유하게 되었다. 그 후 모든 커피나무는 중앙아프리카, 남부아메리카로 전파·확산되었다.

네덜란드의 암스테르담은 17세기 말부터 18세기 초까지 커피 무역의 중심지였는데, 1696년 최초의 커피 경작은 네덜란드 식민지인 인도네시아 자바에서 시작하였지만 대규모 홍수로 수확에는 실패하였다. 그러나 1699년 두 번째 시도는 매우 성공적이어서 자바의 커피 생산이 아랍의 생산을 능가하게 되었다. 1715년 네덜란드 대사가 프랑스의 커피애호가인 루이 14세에게 암스테르담의 시장을 대표하여 자바 커피의 어린 묘목을 선물했다. 루이 14세는 어린 묘목을 키우기 위해 유럽에서 최초로 그린하우스를 만들고, 어린 커피 묘목을 소중히 여겨 왕실 식물학자들의 엄호와 애호 속에 번성하게 하였으며, 그 후 유럽지역에 커피 전파는 카톨릭 교회의 종교적인 영향과 식민지 정책에 의해 발전해 갔다.

❷ 미국 지역

1660년에 네덜란드가 미국에 커피를 소개하였지만 영국의 식민지인 미국에서는 커피 대신 홍차를 즐겼다. 이에 영국은 홍차에 세금을 부과했는데 미국인들이 이에 반발하였고 이로 인해 1773년에 "보스턴 차 사건"이 발생하게 되었다. 이 사건 이후 미국인들은 홍차대신 커피를 마시기 시작하였다.

이로 인하여 커피는 미국에서 대중적 인기를 얻었고 커피를 마시는 것이 하나의 애국적 행동으로 간주되었는데, 미국 혁명의 지도자들은 커피하우스를 독립전략의 기구로도 사용하였고, 이 "보스턴 차 사건"이 미국이 독립하게 된 계기이자 커피가 미국에서 사랑받게 되는 결정적인 사건이 되었다.

미국의 독립 이후에도 커피하우스는 그날의 정치적 논쟁 등을 의논하는 곳으로 사용되며 사람들이 모이는 대중적 장소가 되었다. Tontine's 커피하우스는 상인, 무역업자, 경매인 등에게 정규적인 모임의 장소로 사용되면서, 1696년에 뉴욕 최초의 커피숍인 더 킹스 암스(The Kings Ams)가 개점하였다.

❸ 한국과 일본 지역

일본은 1899년에 화학연구가인 가토가 인스턴트 커피를 창안하여 일본 전 지역에 커피 붐을 일으켰고, 핸드 드립(Hand Drip)이라는 새로운 커피 추출방법이 시도되었다.

한국은 1896년 고종 황제가 아관파천하면서 러시아 공사에 머물 때 공사 베베르의 소개로 처음 커피를 마시게 된 후, 궁궐로 돌아와서는 정관헌이라는 서구식 건물

정관헌

에서 커피를 마시고 즐겼다고 한다. 우리나라 최초의 커피하우스는 1902년 독일 여성인 손탁이 서울특별시 중구 정동에 세운 서양식 손탁 호텔이다.

손탁 호텔

보스턴차 사건

18세기 중엽 영국은 7년 전쟁에서 승리는 했지만 전쟁 때 소비한 전쟁비용과 신대륙을 획득한 영토의 방위비를 충당하기 위하여 식민지 국가에 여러 명목으로 세금을 부과하였다.
그러나 영국의 식민지들은 영국의 상품을 일체 사지 않기로 결의하고, "No taxation without representation" 즉, 식민지는 본국 의회에 대표를 보내고 있지 않기 때문에 본국 의회는 식민지에 과세할 권리가 없다는 헌정적인 원칙을 내세우고

맹렬한 반대운동을 전개하여 인지 조례를 철폐시켰다. 이에 대하여 영국은 선언법을 채택하여 본국은 식민지를 통제할 법을 제정할 권리를 보유한다고 선언하면서 1767년에 "타운젠드법"을 제정하여 차(茶), 종이류, 도료 등에 대하여 과세를 부과하였다. 그러나 식민지들은 차에 대한 세금을 본국 정부의 식민지에 대한 계속적인 억압의 상징으로 보고 반항을 계속하였다.
그 결과 1773년 겨울 보스턴 항구에 차를 싣고 정박 중이던 동인도 회사의 선박에 인디언으로 가장한 미국 시민들이 난입하여 차 상자를 바다로 버린 이른바 '보스턴 차 사건'이 발생하였으며 영국은 이에 대한 보복으로 보스턴 항구의 봉쇄를 비롯한 일련의 강압적인 조치를 취하였다.

커피의 어원

"커피"라는 단어의 어원에 대한 자세한 기록은 없지만, 힘을 뜻하는 아랍어인 "카파(Caffa)"에서 유래되었다고 추측되고 있다. 이는 커피 발생지인 에티오피아의 카파(Kaffa) 지명의 이름으로 커피나무가 자라는 곳을 가리키기도 한다. 그리고 커피의 아랍어 명칭 카와(قهوة)는 오스만투르크어로 흘러 들어가서 유럽인들이 그들의 언어로 사용하였다. 영국에서는 처음에 아라비아의 와인(The Wine of Arabia)으로 불렀는데 현재 우리가 사용하고 있는 커피라는 단어는 영국에서 1650년에 블런트 경이 "Coffee"라고 부른 것이 계기가 되어 미국을 통해서 우리가 사용하게 되었다.

커피가 한국에 처음 알려질 당시에는 영문 표기를 가차(假借) 또는 가배(珈琲)라고 하거나 빛깔과 맛이 탕약과 비슷하다 하여 서양에서 들어온 탕이라는 뜻으로 양탕국 등으로 불렀다. 커피가 발견된 에티오피아에서는 커피를 "분나(Bunna)"라고 부른다.

국가별 커피 명칭

국가명	명칭	국가명	명칭	국가명	명칭	국가명	명칭
에티오피아	카파(Kaffa)	이탈리아	Caffè	영국	Coffee	일본	コーヒー
아랍	카와(Kahwa)	프랑스	Café	러시아	кофе	중국	咖啡
오스만제국	카와(Qahwa)	독일	Kaffee	터키	Kahve	베트남	cà phê
유럽	카페(Café)	네덜란드	Koffie	폴란드	Kawa	한국	커피

그 외의 지역에서 커피는 헝가리(Kávé), 루마니아(Cafea), 크로아티아(Kafa), 에스페란토(Kafva), 세르비아(Kava), 스웨덴(Kaffe), 그리스(Kafe), 캄보디아(Kafe), 덴마크(Kaffe), 말레이시아(Kawa), 체코(Káva), 핀란드(Kahvi)라 불린다.

커피의 다양한 어원들 중 가장 설득력이 있는 것은 오스만제국으로부터 유래된 카와(Qahwa)라는 아랍어로부터 유래되었다는 설이다. 이슬람의 커피 문화가 베네치아 상인들을 통해 유럽으로 건너간 만큼 카와가 어원이라는 설이 가장 설득력이 있다.

커피 이론

커피나무

    커피콩을 생산하는 커피나무는 다년생 쌍떡잎식물, 아열대 관목식물이며, 생물 분류방식에 의하면 식물계는 속씨식물, 문은 쌍떡잎식물, 강은 용담, 목은 꼭두서니, 과는 코페아로 분류된다. 커피나무는 최대 10m 이상 성장하지만 농부들이 커피 열매를 수확하기 용이하도록 길이를 2~3m 정도 유지시킨다. 커피나무의 잎은 긴 타원형으로 두꺼우며 잎 표면은 짙은 녹색에 광택이 난다.

    꽃잎은 하얀색으로 쟈스민 향기가 나며, 커피 품종 중 로부스타 꽃잎은 5~7장이고, 아라비카 꽃잎은 5장이다. 커피 열매는 초기에 녹색이지만 열매가 익으면서 빨간색으로 변하기 때문에 커피 열매를 체리(Cherry)라 부르며, 열매의 길이는 15~18mm 정도이다.

커피 열매

커피 꽃

커피열매(Coffee Cherry) 구조

① 센터컷(Centercut) : 생두의 중간 홈 부분이다.
② 종자 또는 생두(Coffee Bean) : 커피 씨앗으로 우리가 먹는 커피콩이다.
③ 은피(Silver Skin) : 생두에 붙어 있는 얇은 막이다.
④ 파치먼트(Parchment) : 내과피, 생두를 감싸고 있는 껍질을 말한다.
⑤ 펙틴층(Pectin Layer) : 세포막 구성성분으로서 존재하는 콜로이드상태의 다당류이다.
⑥ 과육(Pulp) : 중과피, 단맛이 나는 과육 부분이다.
⑦ 외과피 또는 외피(Outer Skin) : 생두의 겉껍질이다.

커피의 품종

스웨덴의 박물학자 린네는 커피의 품종을 16개로 나눴으나, 오늘날 상업적으로 재배하는 품종은 아라비카종(Coffee Arabica), 카네포라종에 속하는 로부스타종(Coffee Robusta), 리베리아종(Coffee Liberia), 이렇게 3대 원종이 있다. 우리가 일반적으로 마시는 커피는 아라비카와 로부스타 두 종류이며, 커피의 품종을 말할 때는 이 두 가지로 구분한다.

❶ 아라비카 품종(Coffee Arabica)

브라질, 콜롬비아, 멕시코, 과테말라, 에티오피아 등지에서 생산되는 아라비카 품종의 원산지는 에티오피아이고 세계 총생산의 70~80%를 차지한다. 풍부한 향미와 고급스러운 신맛을 내고 에스프레소, 스트레이트 커피에 주로 사용된다.

나무의 높이는 5m 정도, 잎의 길이는 15cm,

아라비카 열매

나뭇가지의 색은 백갈색이며, 해발 1000~2000m의 높은 지대와 15~25℃의 온도에서 잘 자란다. 병충해에 약하고 성장 속도가 느림에도 불구하고 맛과 향이 뛰어나고 다른 종에 비해서 카페인이 적다. 자연적인 돌연변이와 인위적인 품종 개량의 결과로 여러 변형 품종이 생겼는데 아라비카종 중에서도 티피카와 버번이 대표적인 품종이다.

가) 티피카(Typica)

아라비카 원종에 근접한 품종으로 네덜란드에 의해 예멘에서 아시아로 유입되었고

1720년대에 카리브해 지역과 라틴아메리카에 전파되었다. 주로 중남미와 아시아에서 재배되며 생두는 장방형의 둥근 모양이고 나뭇잎은 상대적으로 작고 길쭉하다. 뛰어난 향과 신맛이 있으나 질병과 해충에 약하여 생산성이 매우 낮아 가격이 비싸다.

나) 버번(Bourbon, 부르봉)

1975년 프랑스가 예멘에서 모카 품종의 커피나무를 가져와 아프리카 동부 인도양에 위치한 부르봉(Bourbon) 섬에 심은 품종이다. 커피콩은 티피카에 비해 작으며 둥글고 단단한 편이며 센터컷이 S자형이다. 또한 줄기와 가지가 단단하고 티피카보다 수직의 형태이며 잎이 넓고 가장자리는 파도 모양이다. 현재 수확량은 티피카보다 20~30% 많으나 다른 품종에 비하면 적은 편에 속한다. 티피카와 같이 질병에 약하며 바람이나 비에 잘 떨어지기 쉽지만 체리는 많이 열리고 빨리 숙성된다.

그 외 카투라(Caturra)는 버번의 돌연변이 종이고, 문도노보(Mundo Novo)는 버번과 티피카의 자연교배종이다. 카투아이(Catuai)는 문도노보와 카투아이의 교배종이며, 켄트(Kent)는 인도 고유의 품종으로 높은 생산성을 가지고 있다. HdT(Hibrido de Timor)는 아라비카와 로부스타의 교배종이며, 카티모르(Catimor)는 HdT와 카투라의 교배종이다. 또한 1870년 브라질 농장에서 발견된 티피카의 돌연변이종인 마라고 지페(Marago Gype)종이 있다.

❷ 로부스타 품종(Coffee Robusta)

1858년 아프리카 콩고의 빅토리아호 주변에서 발견된 품종으로 평지와 해발 600m 사이의 낮은 지대에서 잘 자라며 커피 생산량의 30%를 차지한다. 약한 향미, 구수한 맛, 강한 쓴맛을 내며 에스프레소나 인스턴트 믹스 커피에 주로 사용된다.

로부스타종은 콩고가 원산지이며 나무의 높이는 10m 이상, 잎의 길이는 20cm 정도의 길고 큰 잎을 가지고 있다. 카네포라종에 속하는 로부스타종은 병충해에 강하고 성장 속도도 빠르다. 아라비카에 비해 자가수분을 못하여 아라비카 커피보다 카페인 함량이 2배 정도 많다. 향이 거칠고 자극적이어서 인스턴트 커피로 이용하는데 인도네시아, 우간다, 콩고, 가나, 필리핀 등지에서 주로 생산된다.

로부스타 열매

아라비카종과 로부스타종 비교표

구분	아라비카종	로부스타종
모양		
기록연도	1753년	1895년
염색체수	44개	22개
기온	15 ~ 25℃	24 ~ 30℃
고도	1,000 ~ 2,000m	700m 이하
적정 강수량	1,500 ~ 2,000mm	2,000 ~ 3,000mm
병충해	약함	비교적 강함
체리숙성기간	6 ~ 9개월	9 ~ 11개월
카페인 함량	0.8 ~ 1.4%	1.7 ~ 4.0%
맛	신맛 및 향미	쓴맛이 강하고 향미가 약함
주요생산국	브라질, 콜롬비아, 코스타리카	베트남, 인도네시아, 인도
생산량	70%	30%

❸ **리베리아 품종(Coffee Liberia)**

　낮은 온도와 병충해에 강하고 100~200m의 낮은 지대에서도 잘 자라며 매우 소량 생산되며 주로 배합용으로 쓰인다.

피베리 유형

　그 외의 커피 품종에는 두 개의 콩을 가지고 있는 일반적인 커피열매와 달리 어떤 커피 품종은 유전적 결함, 환경적 조건, 불안전한 수정 등으로 한 개의 콩을 가지고 있는 경우가 있다. 약 10% 정도 생산되며 이를 피베리(Peaberry)라 한다.

또한 국제커피기구인 ICO의 커피종류 분류표는 다음과 같다.

ICO의 커피종류 분류표

아라비카(Arabica)	마일드(Mild)	콜롬비안 마일드(Colombian Mild)	전 세계 생산량의 15 ~ 20% (콜롬비아, 케냐, 탄자니아 등)
		기타 마일드(Other Mild)	전 세계 생산량의 20 ~ 25% (코스타리카, 과테말라, 자메이카, 멕시코, 하와이 코나 등)
	브라질 내추럴(Brazilian natural)		전 세계 생산량의 20 ~ 25% (브라질, 에티오피아, 예멘 등)
로부스타(Robusta)			전 세계 생산량의 30 ~ 35% (베트남, 앙고라, 가나, 기니, 인도네시아, 콩고, 태국 등)

커피의 등급

커피열매인 체리(Cherry) 껍질을 벗긴 딱딱한 열매를 생두(Green Bean)라 한다. 생두의 이름은 생산국가명과 산지명, 항구명, 등급명으로 표시하게 되며, 동일 국가에서 생산되는 커피라도 '국가명과 산지명', '국가명과 수출항구명', '국가명과 등급명'으로 표시하기도 한다.

예를 들면, 국가와 산지의 경우는 자메이카의 블루마운틴, 하와이 코나, 국가와 수출항구의 경우는 브라질의 산토스, 에티오피아의 모카, 예멘의 모카, 국가와 등급의 경우는 콜롬비아의 수프리모, 케냐의 AA 등이 있다.

자메이카의 블루마운틴, 브라질의 산토스, 하와이의 코나 품종을 세계 3대 우수한 생두라고 말할 수 있다.

그리고 생두는 원두 수확연도에 따라 수확이 1년이면 뉴 크롭(New Crop), 수확이 1~2년이면 패스트 크롭(Past Crop), 수확이 2년 이상이면 올드 크롭(Old Crop)으로 평가하며, 좋은 생두에 대한 기준은 다음과 같다.

좋은 생두(Green Bean) 기준

생산지	고지대에서 재배되는 커피나무일수록 맛과 향이 우수하다.
품질	크기가 균일하고 결점이 있는 커피콩이 적을수록 품질이 좋다.
색상	원두색은 짙은 청록색일수록 좋다.
크기	조건이 동일할 경우에는 생두의 사이즈가 클수록 좋다.
밀도	고지대에서 생산되면서 밀도가 높을수록 좋다.

커피 생산국

모든 농작물이 그렇듯이 좋은 커피열매를 수확하기 위하여 테루아(Terrior)라는 조건이 필요하다.

커피의 테루아

커피재배지역	남위 25(18)도 ~ 북위 25(18)도
기후	열대 · 아열대 지역
기온	평균기온 15 ~ 24℃
강우량	1,400 ~ 2,000mm / 2,000 ~ 2,500mm
습도	60% / 70 ~ 75%
토양	화산성 토양의 충적토
일조량	2,200 ~ 2,400시간/연
지형과 고도	평지 또는 경사지
바람	강한 바람, 지속적인 바람 공급

커피나무는 배수가 잘 되고 비옥한 약산성 토양에서 잘 자라고 고랭지 채소와 마찬가지로 고산지대에서 단단하고 맛이 풍부한 질 좋은 커피가 생산된다. 블루 마운틴, 크리스탈 마운틴 등의 이름이나 킬리만자로, 시에라 네바다 등의 유명한 산 이름이 붙은 커피가 고급 커피로 분류되는 이유이기도 하다.

커피나무는 서리나 냉해가 없는 기후에서 적당하게 자라기 때문에 적도를 중심으로 북회귀선(북위 25도)과 남회귀선(남위 25도) 사이의 열대지방에서 주로 재배되며 이 지역은 다음 장의 그림에서와 같이 벨트 모양을 하고 있으므로 커피벨트(Coffee Belt) 혹은 커피존(Coffee Zone)이라 부른다.

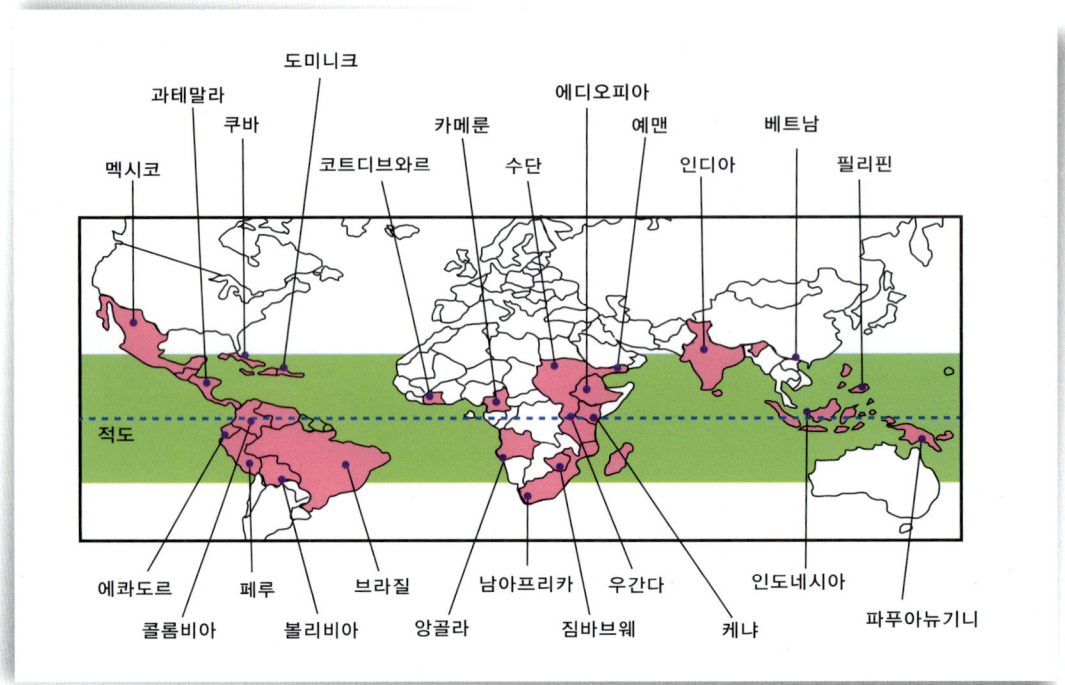

커피벨트 (Coffee Belt) 혹은 커피존(Coffee Zone)

커피벨트의 대표적인 국가를 지역별로 요약하면 다음과 같다.

중남미 생산국		아프리카 생산국		서인도제도	아시아태평양
멕시코	콜롬비아	탄자니아	부룬디	쿠바	아라비아
엘살바도르	베네수엘라	우간다	코트디브와르	자메이카	예멘
온두라스	에콰도르	에디오피아	짐바브웨	하이나	인도
니카라과		케냐		도미니카	인도네시아
코스타리카		말라위			파푸아뉴기니
페루		르완다			베트남
브라질		라이베리아			태국

과거에는 제국주의 강대국들이 식민지 노예들을 이용하여 대규모 커피 농원을 경작했으나 오늘날에는 생산국 대부분이 개발도상국들로서 재배기술 수준이 낮은 소규모 농원에서 경작하므로 기후조건에 따라 커피 수확량의 차이가 크다.

해마다 60여개 국가에서 약 600만톤을 생산하여 60여개 국가로 수출하며, 총 수확량 가운데 아라비카종이 75%이고 나머지 대부분은 로부스타종이다. 브라질이 해마다 약 120만톤을 생산하여 세계 제1위의 커피 생산국이며, 콜롬비아는 제2위의 커피 생산국으로 약 90만톤의 아라비카종을 생산한다. 동남아시아에서는 인도네시아가 로부스타종을 50만톤 정도 수확하며, 그밖에 멕시코, 에티오피아, 우간다, 인도, 과테말라, 베트남 등도 주요 커피 생산국이다. 따라서 전 세계 제1위 생산국인 브라질의 커피 작황에 따라 커피 시장의 시세가 결정된다고 해도 과언이 아니다.

전 세계 인구가 소비하는 1인당 커피 소비량이 가장 많은 나라는 핀란드와 스웨덴으로 1년 동안 1인당 약 13kg을 소비한다. 다음은 덴마크와 노르웨이로 연간 1인당 약 12kg, 네덜란드가 약 9kg, 독일, 오스트리아, 벨기에, 룩셈부르크가 약 8kg을 소비한다. 그밖에 프랑스, 스위스, 미국, 이탈리아, 캐나다, 영국 등이 주요 커피 소비국이다.

커피의 공정과 맛

커피의 공정

커피는 커피나무 열매가 붉게 익으면 과육이 벌어지면서 푸른빛을 띤 생두가 나오는데, 이것을 말려서 볶은 뒤 가루를 내어 사용한다. 이 커피가루를 이용하여 다양한 추출방법으로 훌륭한 커피의 향과 맛을 즐길 수 있다. 한 잔의 커피 생산과정은 다음과 같다.

| 체리 수확 | 껍질 제거 | 건조 | 로스팅 | 분쇄 | 커피 완성 |

❶ 커피콩의 가공

가) 정제 과정

체리에는 두 개의 씨가 들어 있는데, 이 씨를 빼내는 과정을 정제(Processing)라고 하며, 정제방법에는 습식법과 건식법이 있다.

습식법	열매를 물속에서 발효하여 각질과 과육을 없앤 뒤, 다시 말려서 껍질을 벗겨내는 방법으로, 주로 물이 풍부한 지역에서 사용하며 질 좋은 커피를 얻을 수 있다.
건식법	열매를 말린 뒤 기계로 껍질을 벗겨내는 방법으로, 주로 건조한 기후와 작업환경이 열악한 지역에서 사용하며 품질이 고르지 않다. 정제가 끝나면 소비국으로 보내져 볶기·배합·분쇄 과정을 거쳐 커피를 얻는다.

나) 볶기 과정(Roasting)

볶기(로스팅)는 원두에 열을 가해 맛과 향을 내는 과정으로, 사용하는 기계에 따라 차이가 있으나 보통 12~20분 동안 180~230℃에서 원두를 볶으며, 볶은 뒤에는 빨리 냉각시킨다. 이 과정이 끝나면 원두는 갈색이 되고 맛과 향을 내는 휘발성분이 생긴다. 원두를 볶는 정도는 다양한데 짙은 갈색인 유럽식과 매우 짙은 갈색인 프랑스식, 거의 검정색에 가까운 이탈리아식 등이 있다. 로스팅 강도가 약할수록 맛이 부드럽고 향이 풍부하며 매우 짧은 시간에 로스팅된 커피는 금속성 맛이 날 수 있다.

로스팅 과정에서 커피콩은 수분이 18% 정도 증발하고 무거운 가스가 빠져나가며 커피콩의 유기성분인 탄수화물, 트리고넬린, 아미노산이 빠져 나가서 무게가 가벼워지지만 부피는 늘어나게 된다. 이러한 로스팅 과정에서 전도, 복사, 대류 방식으로 커피콩에 열전달이 되며, 로스팅의 수분제거단계를 통해 커피콩에 흡열과정과 색변화가 일어나게 된다.

이해하기 쉽게 로스팅 과정을 통한 커피콩에 나타나는 현상을 요약하면

첫째, 커피콩에 이산화탄소가 방출되면서 세포벽에 구멍이 많이 생긴다.
둘째, 160도 이상에서 커피콩의 유기성분의 손실이 많아진다.
셋째, 커피콩의 밀도가 절반으로 줄어든다.
넷째, 커피콩의 색은 처음에 노르스름하다가 온도가 높아질수록 일정하게 짙어지는데 스트레커 작용, 캐러멜화 작용, 메일라드 작용에 의해 커피콩이 갈색으로 변한다. 이렇게 로스팅된 커피콩은 수분함량이 1% 이하로 감소되며 지방은 약 4% 증가하고 당은 2% 정도 감소하게 된다.

메일라드 반응

커피콩은 메일라드 반응을 통해 휘발성 향 700여 성분을 생성하며 메일라드에 의한 생성물이 커피콩 무게의 약 30%를 차지한다. 그리고 세포속의 방향물질이 탄소 산화작용을 증대시킨다. 높은 온도와 압력이 어느 순간 커피콩을 부풀게 하는데 이때 휘발성 향 성분과 착색성분이 생성된다. 로스팅에 의해서 커피콩이 갈색물질로 변화되는 데 기여하는 것이 아미노산, 탄수화물, 단백질, 클로로제닉산이다.
아미노산의 아미노기와 환원당의 카보닐기가 축합하는 초기·중간·최종 단계를 거쳐 새로운 물질이 만들어지는 현상이다. 예를 들어, 오븐에서 빵을 구울 때 빵의 노출된 겉부분은 뜨거운 열에 메일라드 반응을 일으켜 갈색으로 변하게 되고 구수한 맛을 낸다. 커피도 이와 마찬가지의 반응이다.

다) 배합 과정(Blending)

커피의 배합(블렌딩)은 커피의 특성과 고객의 취향에 맞도록 여러 조건의 커피를 혼합시키는 작업이다. 블렌딩은 로스팅 전과 후를 기준으로 서로 다른 원두를 혼합하는데 로스팅하기 전 블렌딩하면 균일한 맛과 향을 얻을 수 있고, 볶은 뒤에 서로 다른 원두를 혼합하여 좋은 맛과 향을 얻기 위한 과정이다.

예를 들어 쓴맛이 강한 커피와 신맛이 강한 커피를 혼합할 경우 아프리카산 커피는 신맛과 과일향을 얻기 위해 첨가되어야 하고 깨끗한 신맛을 얻기 위해서는 중앙아메리카산 고산지대와 아프리카산 동부지역 커피를 블렌딩 하여야 한다. 보통 중성의 원두를 기본으로 해서 신맛이 나는 원두와 쓴맛이 강한 원두를 섞으며, 2종에서 5종의 원두를 섞고 너무 많은 종류의 원두를 섞는 것은 좋지 않다.

커피 회사들은 균일한 원두의 양을 넣어 맛과 향을 조화롭게 하면서 매년 같은 맛을 얻기 위해 노력하는데 특정한 원산지의 커피 의존율을 줄이고 브랜드의 고유한 맛과 향의 이미지를 유지하기 위해 노력한다.

일반적인 커피콩의 특성

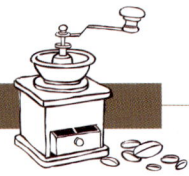

① 콜롬비아 커피를 베이스로 한 에스프레소는 강한 신맛과 단맛을 내지만 크레마가 적다.
② 자연건조 가공커피는 더 많은 크레마를 형성시킨다.
③ 세척건조방법을 사용한 중앙아메리카 커피는 더 좋은 향이 나게 한다.
④ 브라질 커피는 균형 잡힌 향미를 가지고 있다.
⑤ 고품질 커피콩은 에스프레소 커피 블렌딩에 기본적으로 사용되는 브라질산 아라비카품종, 인도네시아로부스타품종이다.

라) 분쇄 과정(Grinding)

분쇄(그라인딩)는 볶은 원두를 갈아서 가루로 만드는 과정으로, 볶은 원두를 갈아 놓으면 빠른 속도로 산화하여 질이 떨어지므로 추출하기 바로 전에 갈아야 고유의 맛과 향을 느낄 수 있다. 분쇄 정도는 고운가루에서 지름 1mm 크기에 이르기까지 다양하게 선택할 수 있다.

입자가 굵은 커피는 드립식과 퍼콜레이터식이 있으며, 조금 가는 입자는 사이폰식과 에스프레소식, 가장 고운 입자는 터키식 커피에 알맞으며, 중간 굵기는 어느 추출법으로도 사용할 수 있다.

커피의 맛과 성분

❶ 커피의 맛

커피 맛의 결정요인은 생두(Green Bean)의 품질 70%, 볶기(Roasting)와 원두의 보관 20%, 숙련된 추출(Extraction) 10%에 의해서 결정된다.

좋은 커피를 위한 조건은 커피의 신선도, 적정한 분쇄 입자, 물의 종류와 온도, 로스팅 정도, 추출 실력, 신선한 원두의 사용, 커피의 보관에 의한 커피콩 산패 정도 등이다. 좋은 커피 맛의 기준은 개인 취향에 따라 주관적이지만 향기, 풍미, 좋은 뒷맛, 깔끔한 맛 등이다. 원두가 한 잔의 커피가 되기까지 추출만큼이나 맛에 큰 영향을 주는 단계가 로스팅 단계인데, 로스팅 여부에 따라 커피의 맛이 쓰거나 신맛이 살아나는데 커피전문점마다 커피 맛에 차이가 있는 것도 이 로스팅 때문이다. 추출된 커피 맛은 쓴맛·신맛·단맛·떫은 맛 등 다양한데, 쓴맛은 카페인, 떫은맛은 타닌, 신맛은 지방산, 단맛은 당질에서 비롯된다. 지방산은 포화지방산인 팔미트산과 스테아르산, 불포화지방산인 올레산과 필수지방산인 리놀레산이다. 그 밖에 수분·조단백질·추출물·조섬유·회분과 향을 내는 휘발성 유기산 등이 들어 있다.

인간의 혀로 느낄 수 있는 커피의 맛은 기본적으로 단맛, 짠맛, 신맛, 쓴맛 등 네 가지가 있는데 이들 맛을 느낄 수 있는 성분 및 화합물에 대한 내용을 정리하면 다음과 같다.

커피의 성분 및 화합물

맛의 특징		화합물	가용성분(%)
단맛	탄수화물	캐러멜화 된 당류	35.0
	단백질	아미노산 및 복합물	4.0
짠맛	산화무기물	산화칼슘	2.1
		산화인	2.1
		산화칼륨	8.4
		산화마그네슘	0.5
		산화나트륨	0.5
		기타 산화물	0.4
신맛	비휘발성산	카페인 산	1.4
		구연산	1.0
		사과산	1.0
		주석산	1.0

쓴맛	알카로이드	카페인	3.5
		트리코넬린	3.5
	비휘발성산	카페인산	1.4
	에스텔	클로로제닉산	13.0
	페놀류	페놀 복합산	5.0

❷ 커피의 성분

커피 성분의 함유량 비율은 품종, 토양, 재배하는 곳의 환경에 따라 다르고 로스팅에 따라 다른데, 커피 원두의 성분은 크게 일반성분과 특이성분으로 구분할 수 있다. 커피 원두의 일반성분은 수분, 단백질, 지질, 당질, 휘발성 유기산으로 구성되며, 커피 원두의 특이성분은 카페인, 볶는 과정에서 높은 열을 받아 커피의 향과 맛을 내는 알코올, 알데히드, 케톤, 에스테르, 질소화합물, 카페올 등 각종 휘발성 물질로 생성되는 방향성분으로 구성된다.

가) 수분

모든 음식에 들어 있는 수분이 커피에도 10% 정도 들어 있는데 그 수분으로 인하여 커피는 건조상태로 보관한다.

나) 탄수화물

건조된 생두에 가장 많은 성분은 탄수화물로 당류, 셀룰로오스, 리그닌 등으로 구성되어 있다. 조당분이 30%로 가장 많은 조당분은 열을 가하면 캐러멜로 변해 물에 잘 녹는 갈색의 물질로 변하여 커피의 쓴맛을 내며, 열에 반응하지 않은 당이 단맛을 낸다.

다) 지방성분

지방은 커피의 향과 가장 깊은 관계가 있는 성분으로 커피에 12~16%가 들어 있다. 지용성으로 물에 녹지 않으며, 지방산은 공기와 접촉하면 산화작용을 하게 되어 커피의 맛이 변질되므로 이를 없애기 위해서 특수한 커피 추출 방법인 에스프레소 머신을 사용한다.

라) 비휘발성산

비휘발성산은 대부분 물에 녹는데, 로스팅을 할 때 커피에 윤기를 내는 것이 바로 이 비휘발성산이다. 비휘발성산은 이중결합으로 불안정한 상태이며, 커피 안에서 공기와 접촉 및 반응하여 산화하는데 이때 맛이 변하게 되는 것이다. 생두일 때는 콩 안쪽에 산소가 들어갈 일이 없지만 로스팅할 때는 커피콩 자체가 50~80% 정도 부피가 커지면서 표면과 내부에는 수많은 구멍이 생겨 산소가 들어가게 된다. 그 결과 맛의 변화가 빨리 일어나게 되는 것이다.

커피 보관문제는 산소와 수분의 유무에서 비롯되는데, 생두는 상온과 일반조건에서 약 1년 정도 보관이 가능하지만 로스팅된 커피콩의 보관은 산소가 없는 상태인 진공상태로 해야 보관기간이 길어지고 커피맛이 변하지 않는다.

마) 카페인

카페인은 1958년 미국 FDA에 의하여 GRAS(Generally Recognized As Safe) 리스트에 기록되었는데, 현재도 장기간 섭취하여도 유해하지 않는 식품첨가물로 인정 받고 있다.

세계보건기구(WHO)는 카페인을 국제질병 분류에 의존성 및 남용성이 있는 중독물로 지정하고 있다. 커피에는 카페인과 카페린이 약 1.3%가 들어 있는데, 커피맛을 좌우하고 흥분작용을 일으킨다. 커피에 독특한 쓴맛이 나는 이유는 카페타닌산이 3~5% 들어 있기 때문이다. 커피에 들어 있는 대표적인 성분으로 알려진 카페인은 냄새가 없고 쓴맛을 내는 흰 분말로 물에 잘 녹는 특징을 가지고 있으며, 신체에 활기를 불어넣는 자극제로 이뇨작용이나 지방 분해 등 신체의 대사활동에도 도움을 준다. 또한 천식에도 효과가 있는데 카페인이 기관의 점액성 분비물을 마르게 하고 혈관을 수축시켜 기침을 치료하는데 쓰이는 테오필린과 유사하며, 또한 편두통 해소에도 도움을 준다. 미국식 커피인 아메리카노 한잔은 5온스 정도인데, 여기에는 40~176mg의 카페인이 함유되어 있으며, 카페인의 함량은 커피콩의 종류, 가공과정, 끓이는 과정, 사용하는 커피의 양, 끓이는 시간 등에 따라 달라진다.

탈카페인 커피

탈카페인 커피는 원두에 함유된 카페인이 인체에 미치는 부작용을 막기 위해 카페인을 제거한 커피를 말한다. 카페인은 신경과민이나 심계항진 등 건강상의 부작용을 초래하는 것으로 알려져 왔기 때문에 커피제조업자들은 커피를 좋아하면서도 커피를 꺼리는 소비자와 환자들을 위해서 카페인을 제거한 커피를 생산하려고 꾸준히 연구하여 왔다. 탈카페인 커피의 역사는 1908년 독일인 L.로젤리우스가 솔벤트를 이용한 화학적 처리에 의해 원두에서 카페인을 제거하는 공정특허로 비롯되었다. 그러나 이 공정에 쓰인 솔벤트(삼염화에틸렌)가 생쥐에게 간암을 유발시키는 것으로 밝혀지자 그보다 좀더 부드러운 솔벤트인 메틸렌염화물을 사용하였다. 그러나 1981년 메틸렌염화물도 동물실험결과 암을 유발한다는 사실이 밝혀져 판매가 중단되었다. 그 이후 종래의 화학적 처리 대신 물처리공정에 의해 카페인을 제거하는 새로운 방법이 개발되면서 탈카페인 커피의 인기가 다시 시작되었다. 물처리공정은 물로 원두에서 카페인 성분을 씻어낸 다음 물에 남아 있는 카페인을 숯으로 제거하는 과정으로 원두의 카페인 성분을 없애는 방식이다.

처음에 커피는 식품이나 의약품으로 사용되었고 차츰 독특한 맛과 각성 효과가 있는 기호음료로 발전되었다. 커피의 알려져 있는 몇 가지 효능은 다음과 같다.

첫째, 중추신경계를 자극하여 정신을 맑게 해준다. 단, 과다 복용은 불면을 초래할 수 있다.

둘째, 심장의 기능을 촉진한다. 심장이 자극되면 칼슘 이온의 농도가 증가하여 심박수와 심박출량이 늘어난다. 단, 지나치면 흥분하고 불안해지며 더 나아가서 고혈압, 심장질환을 일으킬 염려가 있다. 초기의 연구는 하루 6잔 이상의 커피 소비는 심장마비의 위험을 증대시킨다고 하였지만, 그 후의 연구에서는 상반된 결과가 나왔다.

셋째, 이뇨제의 역할을 하여 소변의 양을 늘린다.

넷째, 위를 자극하여 위산의 분비를 촉진한다. 소화를 촉진하고 배앓이에 효력이 있으며 가스찬 배를 진정시킨다. 단, 지나친 섭취는 위궤양이 생기기 쉽다.

다섯째, 독특한 향은 김치나 마늘 냄새를 감소시키고 기름기를 깨끗이 없애준다.

여섯째, 카페인에 중독될 수 있다. 다량의 카페인은 두통과 신경과민을 일으킬 수 있다. 하루 1,000mg 이상의 카페인을 소비할 때에는 불안 신경증과 유사한 행동이 나타난다. 이 용량에서는 얼굴의 홍조, 오한, 감응성(Irritability), 식욕 상실이 나타나기도 한다. 이런 장애를 카페인 중독증이라고 하는데, 유기성 정신장애로서 DSR-IIIR(미국 정신의학회 : American Phychiatric Association, 1987)에 등록되어 있다.

커피 음용법

커피의 음용은 시대별, 지역별, 문화별, 문명의 발달 등으로 다양하게 조리하는 방법이 생겨났다.

일반 커피

① 커피가루를 넣고 직접 끓이면 쓴맛이 남아 절대 안 되고 반드시 내려마셔야 하며, 커피물의 온도는 90~96℃가 가장 적당하다.
② 한번 추출된 커피는 다시 데우지 않도록 마실 만큼 만든다.
③ 커피향은 86℃의 온도에서 가장 잘 유지된다.
④ 커피 한잔에 98%가 물이므로 좋은 맛을 위해서 깨끗한 찬물을 사용한다.
⑤ 한 번 걸러낸 원두에는 쓴맛을 내는 좋지 않은 요소가 남게 되므로 재사용을 하지 않도록 한다.

⑥ 에스프레소 머신에 알맞는 굵기로 원두를 분쇄한다. 너무 곱게 갈면 쓴맛이 나고 에스프레소 머신이 막힐 수 있으며, 너무 굵게 갈면 커피가 묽어진다. 드립형 커피머신은 2~4분 사이에 커피가 모두 내려올 수 있는 굵기의 원두를 이용하는 것이 좋다.
⑦ 물과 커피의 배합비율은 물 180ml에 커피 10g(2큰술)을 넣는 것이 좋다.
⑧ 커피를 따뜻하게 유지하려면 버너 위에 약 20분간 두어야 하지만 20분이 지나면 좋지 않은 향이 나기 때문에 주의해야 한다.

인스턴트커피(Instant Coffee)

1901년 미국의 G.보든에 의하여 시판 인스턴트 커피가 제조된 것이 시초이다. 열탕이나 물에 잘 녹아서 그대로 마실 수 있게 가공된 즉석 커피인 인스턴트 커피는 전쟁 때 군인들이 간편하게 커피를 마실 수 있도록 하기 위해 만들어졌다.

인스턴트 커피의 제조과정은 커피콩을 볶아서 냉각·분쇄한 후 증기 또는 열탕을 통과시켜 추출액을 받아 다시 원심분리기에 걸어 입자를 제거한다. 열풍을 이용해서 건조하는데 마지막 건조과정에서 풍미가 달라지기 때문에 동결건조 및 열을 가하지 않는 건조법이 사용된다.

인스턴트 커피를 맛있게 마시는 방법은
① 끓인 물을 빈 커피 잔에 가득 붓는다. 3분 정도 데운 잔을 사용하면 커피의 따뜻함이 오래 가서 맛이 좋아진다.
② 끓인 물은 100℃ 이상이기 때문에 80~90℃ 정도로 식힌 후 커피를 넣는다.
③ 대부분 커피, 설탕, 프림을 동시에 넣고 마시는데 취향에 따라 조절하여 마신다.
  • 커피만 넣고 커피 자체의 맛을 즐긴다. (커피 본연의 맛)
  • 1/3 정도를 마신 후 설탕을 넣고 마신다. (달콤한 맛)
  • 1/3을 더 마신 후 크림을 넣고 마신다. (고소한 맛)
④ 다른 방법으로는 커피, 설탕, 프림의 순서대로 차례로 녹이는데, 설탕과 크림 대신 연유를 넣어서 마시는 방법도 있다.

카페인 성분을 줄여서 커피 마시는 방법

① 커피의 끝물은 버린다. 커피는 끓이면 제일 먼저 향부터 나고 그 다음 맛이 녹아 추출되는데, 이때 맨 마지막에 우러 나오는 것이 바로 카페인 성분이다. 전기식 커피 메이커인 드립방식으로 커피를 뽑을 경우에는 바닥에 커피 추출액이 어느 정도 흘렀을 때 빨리 스위치를 끄고 커피포트를 분리하면 된다. 남아있는 커피에는 카페인 성분이 농축되어 있다.
② 금속이나 나일론 필터를 사용한다. 종이 여과지는 커피향까지 걸러내기 때문에 금속이나 나일론 필터를 이용하면 커피향도 살리고 추출 시간도 줄여 카페인 양을 줄일 수 있다.
③ 에스프레소 방식으로 커피를 추출한다. 에스프레소 방식이란 강한 압력을 이용해 짧은 시간에 커피를 뽑아내는 방법을 말한다. 늦게 녹는 카페인의 성질을 고려하면 짧은 시간에 카페인을 줄이는 데 필수조건이다.
④ 카페인이 제거된 커피를 고른다.

커피의 보관 및 추출 방법

커피의 보관

생두인 커피콩은 아무런 맛과 향이 없다. 그러나 생두를 로스팅을 한 후부터는 커피의 신선도 유지를 위해서 로스팅된 커피콩과 분쇄된 커피가루가 최대한 공기와 접촉되지 않도록 해야 한다. 산소, 습기, 열에 의해서 커피가 산패되는 것을 막아 커피의 품질을 오래 유지시키기 위해서 로스팅된 커피콩과 분쇄된 커피가루를 판매하는 회사는 커피 포장에 전력을 다하고 있다.

❶ 가정에서의 보관

로스팅된 커피는 변질되기 쉽기 때문에 보관시 산소 유입이 쉬우며 습기가 많고, 온도가 높은 곳은 반드시 피하고 냉동실 또는 냉장실에 보관하여야 한다. 커피는 밀폐를 하지 않으면 아무리 보관을 잘한다고 해도 수분과 냉장고 내의 음식냄새를 모두 흡수하여 먹을 수 없게 된다.

2주 이내에 사용할 커피는 반드시 잘 밀봉해 선선하고 어두운 곳에 보관하여야 하고, 보관용기는 밀봉이 가능한 유리나 도자기 재질이 좋다. 일반적으로 보관할 커피 용량은 200~300g 정도씩 나누어 보관하는 게 적당하고, 그 이상 보관할 커피는 작은 용기에 담아 밀봉한 뒤 냉동실에 넣어두는 것이 좋다. 이때 유의할 점은 한번 개봉한 커피는 수분으로 인해 향을 잃게 되므로 다시 냉동실에 보관하지 않는 것이 좋고 가능한 빠른 시일 안으로 소비해야 한다. 1회용은 지퍼백에다 10~20g씩 보관하는 것이 좋다.

가) 원두커피의 수명

커피는 산지 및 맛과 향을 불문하고 갓 볶은 커피가 제일 좋다. 이 의미는 커피의 신선도가 몇 개월 지난 명품커피보다는 명품커피가 아니더라도 갓 볶은 커피가 낫다는 뜻이다. 그 만큼 커피의 보관은 훌륭한 커피의 향과 맛을 즐기는 데 있어 제1의 조건이다. 로스팅된 커피는 최대 14일 정도의 수명을 가지고 있기 때문에 가장 훌륭한 맛의 커피를 즐기려면 로스팅된 커피를 1주일 내에 마시든지 로스팅한 후 2일에서 14일 안으로 소비하는 것이 좋다.

로스팅된 원두는 약 2주 정도, 로스팅한 후 분쇄된 커피가루는 3일 정도가 지나면 신선도가 떨어지기 때문에 이 기간 안에 모두 소비하는 것이 좋다.

나) 원두커피의 신선도

신선하지 않은 커피 즉, 오래된 커피는 담배냄새 또는 나무냄새가 나며 향기가 좋지 않은데, 이는 기름이 변질되었기 때문이다. 이는 핸드 드립 추출 방식을 통해 가장 쉽게 확인할 수 있는데, 여과지에 분쇄된 신선한 커피가루를 넣고 뜨거운 물을 부으면 크게 부풀어 오르면서 크고 작은 거품이 발생하지만, 오래된 커피가루는 팽창도 안 되고 거품도 발생하지 않는다. 또한 추출한 커피가 식으면 오래된 원두의 커피는 투명하지 않고 혼탁한 색상이며, 추출할 때 큰 거품이 생기거나 우유나 크림을 넣었을 때 굳어지는 현상이 나타나기도 한다.

핸드 드립 추출

❷ 커피의 포장 방법

커피를 로스팅하게 되면 1kg당 6~10*l* 의 탄산가스가 발생하는데, 이는 산소와의 접촉을 막아주는 역할을 하지만 탄산가스를 방출하지 않고 포장을 하게 되면 부피가 팽창하여 포장이 터질 수도 있다. 그렇기 때문에 포장 전에 탄산가스를 8~24시간 정도 지연방출(Degassing)해 주어야 한다. 포장재료는 향기를 보호해 주는 보향성, 빛을 차단하는 차광성, 공기를 차단하는 방기성, 습기를 방지하는 방습성을 갖춘 것이어야 좋다.

가) 불활성가스 포장(Inter Gas Package)

가스 치환포장이라고 하며 포장 내의 공기를 불활성가스로 대체하여 포장하는 방법으로 사용되는 가스로는 일반적으로 질소가스가 사용된다. 진공 포장에 비해 보관기간이 세 배 정도 증가한다. 밀봉 포장 중에서 공기를 빼내고 대신 질소, 이산화탄소와 같은 불활성가스로 치환해 내용물의 변질 및 부패를 방지하는 것을 목적으로 하는 포장 방법으로, 포장재는 가스투과성이 적은 것을 사용한다.

불활성화 포장

나) 밸브 포장(One-way Valve Package)

일반적으로 가장 많이 사용하는 방법으로 1960년대 후반 이태리의 기술자가 개발하였으며, 원웨이 밸브를 포장용기에 부착하여 탄산가스가 방출되는 동안 산소와 습기의 유입은 방지하는 포장 방법이다. 이 방법으로 커피의 유통기한을 연장할 수 있게 되었다.

다) 진공 포장(Vacuum Package)

분쇄 커피를 용기에 넣은 후 진공포장하는 방법으로 금속 캔이나 복합필름 포장용기를 사용하여 잔존 산소량이 1.0% 이하가 되도록 포장하는 방법이다.

라) 가스흡수제(Gas Absorbent)

커피의 포장과정에서 가스흡수제를 넣어, 보관시 발효 또는 산화로 인한 이산화탄소 및 그 외 여러 성분의 가스를 발생하는 즉시 흡수하여 초기의 포장 상태를 그대로 유지하고 커피 본래의 맛과 신선함을 유지하는 방법으로 사용된다.

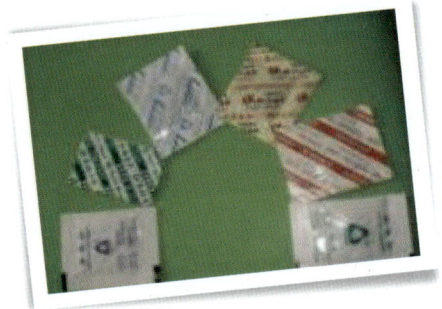

추출 방법

추출(Extraction)은 커피에서 커피의 성분을 짜내는 것으로 추출 기구에 따라 매우 다양한 추출 방법을 사용한다. 커피의 추출 원리는 커피가루에 물을 침투시켜 커피가루에 함유된 가용성분 중 카페인(Caffein)과 탄닌(Tannin)을 적당하게 뽑아내는 것이다.

커피가 그 나라의 생활문화에 따라 마시는 방법이 다른 것과 같이 커피를 추출하는 방법도 나라마다 다양하다. 대표적인 추출 방법으로 터키의 이브리키식, 이탈리아의 에스프레소식, 네덜란드의 찬물추출식 등이 있으며, 추출 방법의 차이에 따라 각 나라마다 커피의 맛이 다르다.

일반적인 추출방식은 핸드 드립(Hand drip) 추출 방식, 사이폰(Syphon) 추출 방식, 모카 포트 (Moka pot) 추출 방식, 프렌치 프레스(French press) 추출 방식, 워터 드립(Water drip) 추출 방식, 터키식 추출 방식, 에스프레소 머신 추출 방식 등이 있다.

❶ 핸드 드립(Hand drip) 추출 방식

눈과 향으로 커피를 즐기면서 여유있게 추출하는 방식으로 커피의 기름과 미분을 여과지로 걸러 주기 때문에 깔끔한 맛이 있다. 드립포트(Drip pot), 드리퍼(Dripper), 서버(Server), 필터(Filter ; 여과지)를 사용한다. 필터에 커피가루를 담고 드립포트에 담겨진 물을 커피가루가 담긴 드리퍼에 부어 서버로 흘러내리게 하면서 커피를 추출한다.

핸드 드립

가) 드립포트(Drip pot)
물주전자로써 모양과 용량이 다양하다.

나) 드리퍼(Dripper)
분쇄된 커피가루를 여과지에 담고 받쳐주는 기능으로 재질 및 형태에 따라 다양하다.

드립포트

드리퍼 종류	그 림	특 징
멜리타 (Melitta)		독일의 멜리타 벤츠여사가 고안하였으며, 구멍이 하나로 융으로 추출하는 불편함을 종이 여과지로 대체하였다. 미국 및 유럽에서 사용하며 커피가루는 약간 가늘게 분쇄한다. 구멍이 하나이므로 물을 천천히 부어야 커피농도가 진하게 추출된다.
칼리타 (Kalita)		일본에서 만든 것으로 구멍이 3개 있고 물빠짐이 쉽다. 고노보다 커피 맛이 연하며, 120~150ml 한잔의 커피를 추출하는 데 물빠짐이 좋기에 천천히 물을 부어야 할 필요는 없다.
고노 (Kono)		원추형으로 꼭지점에서 맨 밑의 추출구까지는 직선이며, 원추형으로 원을 그리면서 추출한다. 추출된 커피는 진하며 추출속도도 빠르다. 융을 이용한 드리퍼와 비슷하다.

하리오 (Hario)		추출구가 가장 크고 리브가 길기 때문에 물빠짐이 빠르지만 초보자는 사용하기 힘들다는 단점이 있다.

다) 서버(Server)

　드리퍼를 통하여 추출되는 커피를 담아 두는 용기이다.

라) 여과지(Paper filter)

　융, 표백 여과지, 천연펄프 여과지가 있지만 천연펄프 여과지를 많이 사용한다.

서버

❷ 사이폰(Syphon) 추출

　1840년경 스코틀랜드 로버트 네이피어(Robert Napier)가 진공식 추출기구로 개발하였고, 1841년 프랑스 바슈(M. Vassieux) 부인이 2개의 유리를 연결한 기구를 개발하였다. 1924년 일본인 고노에 의해 상품화 되면서 "사이폰"이란 명칭을 붙였으며, 커피의 특징은 향이 좋고 연출 효과가 있으며 산뜻하고 깨끗한 맛의 커피를 추출한다.

❸ 모카포트(Moka pot) 추출

　1933년 이태리 알폰소 비알레띠(Alfonso Bialetti)가 개발하였으며 사용법이 간단하고 가격이 저렴하여 가정에서 에스프레소 추출기구로 사용되지만, 크레마가 형성이 안 된다는 것이 단점이다.

④ 프렌치 프레스(French press) 추출

커피 플런저(Coffee plunger) 또는 플런저 포트(Plunger pot)라고도 하는데 1850년 금속을 사용한 프랑스가 시초였으며, 현재는 1930년 이탈리아에서 칼리마니(Attilio Calimani)가 개발한 유리와 금속재질을 주로 사용한다.

프렌치 프레스로 추출한 커피의 특징은 원두를 굵게 분쇄하여 바디감이 강한 커피를 추출하는데 커피 맛성분과 에센셜 오일성분이 컵 안에 남는다는 것이다.

⑤ 워터 드립(Water drip) 추출

더치커피(Dutch coffee)라고도 하며 네덜란드 상인에 의해 알려졌다. 찬물로 장시간(4시간~12시간) 추출하기 때문에 카페인이 적고 산화가 덜 되어 장시간 보관이 가능하다는 특징이 있다.

⑥ 터키식 커피 추출

가장 오래된 추출 도구로써 이브릭(Ibrik), 체즈베(Cezve)와 같은 전용도구를 사용한다. 커피를 거르지 않고 물과 함께 끓인 후 마시기 때문에 바디감이 강하다는 특징을 가지고 있다.

⑦ 에스프레소(Espresso) 추출

에스프레소(Espresso)의 영어식 표기인 '익스프레스(Express)'는 '빠르다'라는 뜻으로, 짧은 순간에 커피를 추출한다는 의미를 가지고 있다. 일정한 압력과 온도를 이용하여 압착된 상태에서 커피를 추출하는 방식으로 이탈리아식 전통 커피 추출방식이다.

공기를 압축하여 짧은 순간에 커피를 추출하기 때문에 카페인의 양이 적고, 순수한 커피의 향과 맛을 느낄 수 있는데 데미타세(Demitasse)라는 조그만 잔에

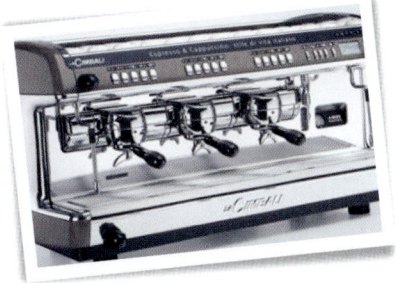

담아서 마셔야 제 맛을 느낄 수 있다. 또한 에스프레소 커피의 특징은 커피의 맛이 진하며 크레마(Crema)라는 크림층이 형성된다. 이에 따라 바디감이라는 감칠맛을 느낄 수 있다.

커피 추출 방법에 따른 원두 분쇄도

커피의 맛과 향미는 재배지역, 생두의 품종, 배전도(생두 볶는 정도), 물, 온도 등에 따라 다르다는 것은 모든 농작물 환경과 동일하다.

또한 앞에서 설명한 커피 추출 방법도 커피의 맛과 향에 많은 영향을 미치는데, 추출 방법에 따라 원두의 분쇄도가 달라 추출하면 더욱 커피의 본연의 특성을 느낄 수 있다.

대중적으로 사용되는 커피 추출 방법에 따른 분쇄도를 정리하면 다음과 같다.

추출 도구	분쇄도
프렌치 프레스	프랑스에서 시작한 방식이며 따뜻한 물을 부어 우려내어 마시는 방식으로 굵은 소금보다 굵게 분쇄하여 사용한다.
핸드 드립	일본 및 한국 가정에서 많이 사용하는 추출 방식으로 굵은 소금 정도로 분쇄하여 사용한다.
워터 드립	찬물로 우려내는 방식으로 가는 소금 정도의 굵기로 분쇄하여 사용한다. 우리는 더치커피로 알고 있는 추출 방식이다.
사이폰	삼투압 원리로 추출하는 방식으로 설탕 정도의 굵기로 분쇄하여 사용한다.
모카포트	이태리 가정용 추출 방식으로 사이폰과 에스프레소 기계에서 사용되는 중간 분쇄도로 분쇄하여 사용한다.
에스프레소 기계	이태리 정통의 커피 추출 방식으로 모든 커피 메뉴의 베이스로 사용되는 카페 에스프레소를 추출한다. 굵기는 통깨를 파쇄한 깨소금 가루 정도의 굵기로 분쇄한다.
이브릭(터키)	터키에서 많이 사용하며 끓어내는 방식의 추출로 밀가루 정도의 굵기로 분쇄하여 사용한다.

※ 분쇄도를 크게 나눠보면 강한 쓴 맛은 이브릭과 에스프레소 기계 추출 방식, 신맛이 약한 쓴맛과 같은 섬세한 맛은 모카포트, 사이펀, 에스프레소 기계 추출 방식을 사용한다. 그리고 쓴맛이 약한 신맛과 같은 부드러운 맛은 핸드드립, 워터드립 추출 방식을 사용하며, 다소 밋밋한 맛을 느끼는 신맛은 프렌치 프레스 추출 방식을 사용한다.

※ 모카포트, 사이펀, 에스프레소 기계는 강조되는 맛에 따라 분쇄도가 다를 수 있다.

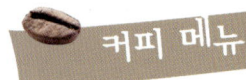
커피 메뉴

커피의 메뉴

넓은 의미에서 커피는 커피나무에서부터 인스턴트 커피나 베리에이션 커피(Variation Coffee)에 이르기까지 커피의 모든 것을 말하며, 좁은 의미에서 우리가 마시고 있는 컵커피(Cup Coffee)를 말한다.

에스프레소를 이용한 커피 메뉴는 매우 다양하여 기본적인 메뉴를 만드는 방법에 익숙해지면 바리스타는 이를 응용하여 얼마든지 새로운 메뉴를 만들 수 있다.

커피 메뉴

❶ 에스프레소(Caffe Espresso)

베리에이션의 기초라 할 수 있는 에스프레소는 영어의 'Express'와 같은 의미로 이태리어이다. 한 마디로 '초고속'으로 빠르게 뽑아낸다 하여 붙여진 이름이다.

요즘 대부분의 커피전문점에서는 에스프레소를 기본으로 한 다양한 베리에이션 제품들을 판매하고 있다.

에스프레소는 모든 커피 메뉴의 기본이 되며 에스프레소 한 잔을 가지고 사용하는 원두의 질을 평가할 수도 있다. 설탕이나 크림 등의 다른 첨가물을 넣지 않고 즐기면 커피 본연의 참맛을 느낄 수 있다. 에스프레소 머신의 사용은 프랑스에서 처음 시작되었지만 이를 발전시켜 현재 우리가 사용하는 에스프레소 머신을 만든 것은 이탈리아에서 였다. 이탈리아에서는 정부가 에스프레소 한 잔의 가격을 통제할 정도로 이탈리아인들에게 커피는 생필품의 한 종류로 자리잡았다. 이탈리아인은 1~2온스의 풍부한 맛에 거무스름한 색깔의 커피를 넣고 금색의 크림을 얹어 매우 진하게 에스프레소를 만든다.

❷ 솔로(Solo)

이름 그대로 단 한 잔의 에스프레소를 뜻한다.

❸ 도피오(Doppio)

도피오는 '2배(Double)'라는 의미로, 에스프레소나 카푸치노 등의 커피를 진하게 마시고 싶을 때 두 잔의 에스프레소를 넣은 것이다.

❹ 룽고(Lungo)

에스프레소를 길게(Long) 추출해 내는 것으로, 과다추출된 진한 에스프레소 맛을 느낄 수 있다.

❺ 카페 코레도(Cafe corretto)

꼬냑과 같은 강한 술을 가미한 에스프레소이다.

❻ 카페 로마노(Cafe Romano)

레몬 한 조각과 함께 내는 에스프레소이다.

❼ 그라니따 카페(Granita cafe)

잘게 부서진 얼음 위에 부은 차가운 에스프레소이다.

⑧ 카페 콘레체(Cafe conleche)

스페인 혹은 포르투칼에서 즐기는 설탕과 짙은 색의 볶은 커피의 혼합으로 뜨거운 우유와 함께 마시는 커피이다.

⑨ 헤이즐넛(Hazelnut)

원두에 헤이즐넛 향을 가미한 커피로 고소한 향 때문에 인기가 많은 커피이다.

⑩ 리스트레또(Restretto)

에스프레소는 20초 미만일 때 가장 진한 맛이고 이후 차차 옅은 맛이 나는데, 리스트레또는 가장 진한 시점으로 제한해서 뽑아 에스프레소보다 진하게 추출해 낸다. 때문에 양이 적으므로 보통 도피오로 주문하는데, 양만 두 배이고 농도는 그대로인 일반 도피오와는 달리, 리스트레또는 진한 맛이 두 배라고 이해하면 된다.

⑪ 까페오레(Cafe au lait)

우유를 첨가한 프랑스식 커피로, '우유 커피'라는 프랑스어처럼 우유가 많이 들어간 프랑스식 밀크 커피이다. 독일에서는 미르히카페라고도 부르며, 이탈리아에서는 카페라떼라고 불린다. 카페오레에 휘핑크림을 얹고 코코아 가루를 뿌리면 하와이언 밀크 커피, 구기자를 넣으면 중국식 우유 커피, 소금과 꿀을 더하면 서인도풍 밀크 커피가 된다.

⑫ 카페라떼(Cafe Latte)

카페오레와 똑같이 커피에 우유를 첨가하지만, 다른 점이 있다면 에스프레소가 베이스라는 것이다. 에스프레소와 우유의 비율이 1대 4라 부드러우며 프랑스에서는 카페오레로 불리는 메뉴이다. 우유를 이용한 대표적인 메뉴이며, 전 세계적으로 가장 많이 팔리는 메뉴이기도 하다. 부드러운 거품의 카페라떼는 양을 많이 해 큰 잔에 마시는 것이 일반적이다. 하와이언 밀크 커피, 중국식 밀크 커피, 서인도풍 밀크 커피 등은 카페라떼의 응용메뉴라고 생각하면 된다.

⑬ 카푸치노(Cafe Cappuchino)

에스프레소에 우유거품을 얹은 커피메뉴로 카페라떼보다 우유가 덜 들어가 커피맛이 진하며, 기호에 따라 시나몬 가루를 뿌리기도 한다. 카페라떼와 함께 가장 선호하는 메뉴 중 하나이며, 다양한 모양의 디자인이 가능해 최근에는 디자인 카푸치노가 큰 인기를 끌고 있다. 이탈리아어로 병정모자라는 의미의 카푸치노는 모자처럼 컵 위로 올라오는 거품때문에 지어진 이름이다. 이탈리아에서 마시는 진한 커피타입의 카푸치노는 설탕을 한 두 스푼 넣은 다음, 컵에 커피를 120밀리미터 정도 붓고 휘핑 크림을 얹어 완성한다. 크림 위에 계피가루를 뿌리고 기호에 따라 레몬이나 오렌지 껍질을 가늘게 썰어 얹기도 하며, 계피 막대기로 휘저어 마시기도 한다.

⑭ 콘 파나(Cafe Con Panna)

데미타세의 에스프레소에 휘핑크림을 가득 얹은 커피 메뉴로, 달콤한 맛을 선호하는 사람들이 즐기는 메뉴이다.

⑮ 마끼아또(Cafe Macchiato, Caramel Macchiato, Latte Macchiato)

데미타세의 에스프레소에 우유거품을 얹은 커피 메뉴이다. 에스프레소와 우유거품이 조화된 커피, 부드러운 에스프레소를 맛볼 수 있어 커피의 쓴맛이 부담스러운 사람들이 선호하며 에스프레소와 달콤한 캐러멜 맛을 느낄 수 있다.

⑯ 카페모카(Cafe Mocha)

카페라떼에 초콜릿 시럽을 추가한 커피 메뉴로 에스프레소와 생크림, 초콜릿 시럽이 조화를 이루어 단맛을 선호하는 젊은 층에게 인기가 많다.

⑰ 모카치노(Mochaccino)

카푸치노에 초콜릿 시럽을 더한 메뉴로 3분의 1은 에스프레소이고, 3분의 1은 뜨거운 초콜릿이며, 나머지 3분의 1은 우유 거품을 얹은 커피이다.

⑱ 비엔나 커피(Vienna Coffee)

오스트리아 빈에서 유래됐다는 비엔나 커피는 역사만으로도 300년이 지난 것으로 알려졌지만 정작 빈에는 비엔나 커피라는 이름의 커피가 없다고 한다. 설탕을 넣고 커피를 따른 다음 휘핑 크림을 듬뿍 얹고 스푼으로 젓지 않고 마시는 커피이다. 스노우 커피, 카페 플라멩코, 러시안 커피 등은 비엔나 커피를 응용한 것이다. 세계적으로 널리 알려진 메뉴로 에스프레소에 뜨거운 물과 크림이 가미된 커피이다.

⑲ 카페 아메리카노(Cafe Americano)

에스프레소 레귤러보다 더 연한 맛을 느낄 수 있도록 뜨거운 물을 첨가한 에스프레소이다. 잔에 뜨거운 물을 먼저 채운 뒤 에스프레소를 얹기 때문에 크레마는 살아있으며 에스프레소에 180cc 가량의 물을 섞으면 된다.

TIP

차가운 커피는 에스프레소 커피의 양을 2배 정도로 넣고 얼음을 넣는다.

chapter 2
바리스타 이야기

커피관련 직업 및 커피 전문점

커피 관련 직업

커피에 관련된 직업은 소위 말하는 "바리스타", 즉 커피를 추출하고 조리하는 직업이 전부라고 생각할 수 있으나 커피가 농작물이고 수입품인 만큼 커피에 관련된 직업은 생각보다 종류가 다양하다.

❶ 바리스타

이탈리아어로 바리스타(Barista)는 에스프레소 커피를 추출하여 다양한 종류의 커피 메뉴를 조리할 뿐만 아니라 커피에 대한 경험과 지식을 이용하여 장비관리에서부터 서빙까지의 업무를 수행하는 웨이터 및 웨이트리스이다. 2011년 6월 11일 국립국어원은 바리스타를 우리말 순화어로 "커피전문가"로 정하였다.

❷ 커피 로스터

우리가 마시는 커피는 원산지로부터 생두(Green Bean)로 수입되기 때문에 생두를 가공하는 작업(커피를 볶는 작업)을 커피 로

스팅이라고 하며, 로스팅하는 기계나 기계를 조정하는 사람을 커피 로스터라 한다.

❸ 커피 감별사

와인이나 커피는 상호 다른 품종을 혼합(Blending)하여 또 다른 맛을 연출한다. 즉, 서로 맛의 성질이 다른 커피콩을 혼합하여 조화된 맛의 커피를 만드는데 이러한 커피 맛을 감별하는 직업을 커피 감별사라 한다. 또한 커피의 맛을 감별하는 것을 컵 테스트(Cup Test) 또는 커핑(Cupping)이라고 한다.

❹ 카페 컨설턴트

우리나라에는 크고 작은 수많은 커피전문점인 커피하우스 및 각종 카페가 있다. 이런 커피전문점의 공간 설계와 경영에 대한 지식을 전반적으로 이해하고 있으며 커피전문점 창업을 준비하는 사람들을 컨설팅하고 메뉴 관리부터 음료 서비스까지 총괄하는 직업을 카페 컨설턴트라 한다.

❺ 커피 트레이너

커피에 대한 양질의 교육을 담당하는 전문인을 말하며 바리스타가 되려는 사람을 교육시키는 직업이다.

❻ 커피 딜러

커피는 국제적으로 80여 개국에서 생산되기 때문에 품종이 매우 다양하고 산지마다 커피의 특성이 다르다. 이러한 정보를 제대로 알고 있어야만 커피의 시세가를 정확하게 추측할 수 있다. 즉, 커

피 생두의 가격을 추측하고 이를 수입하는 중개인을 커피 딜러라 한다.

❼ 커피 무역상

커피를 추출하기 위해서는 생두에서부터 커피 추출기구는 물론 커피머신과 로스터 그리고 여러 가지 부재료가 필요하다. 즉, 커피에 관련된 모든 물건을 거래하는 직업을 커피 무역상이라 한다.

커피전문점

국내 커피전문점의 매장 수는 2010년 말을 기준으로 상위 5대 브랜드의 점포수 2,000개를 포함하여 약 9,400개이며, 2011년 커피전문점의 시장 규모는 약 2.8조원으로 예상된다. 이에 따라 직영점 방식의 외국계 커피전문점과 가맹점 방식의 토종 커피전문점의 경쟁이 심화되고 있는데, 국내 초기 커피 시장은 스타벅스, 커피빈과 같은 외국계 브랜드가 주도하였다. 스타벅스는 2001년 이후 2010년까지 10배 가까운 매출액 성장을 달성하였으며, 영업이익률 또한 2005년 14.4%로 정점을 기록한 이후 감소하고는 있지만, 9%대의 높은 수익성을 유지하고 있다. 이에 반해 국내 브랜드 커피전문점의 수익성은 브랜드별로 차이는 있으나, 상대적으로 외국계 브랜드에 비해 낮은 수준이라고 한다.

2011년 2월 비알코올 음료점업에 대한 시장 규모는 2008년 말 대비 약 70% 증가하였으며, 1998년 스타벅스가 국내 최초로 커피전문점을 오픈한 이후 국내 커피전문점 시장은 공급이 수요를 창출하는 시장구조로 성장을 지속하고 있다. 스타벅스 및 국내 브랜드의 가맹점 수의 확대 정책으로 자금 수요는 더욱 증가할 것으로 예상되므로 긴밀한 네트워크 구축을 통한 적극적 마케팅이 필요하다.

커피전문점의 경우, 시장 자체는 꾸준히 성장하고 있지만 수요 증가에 비해 공급 과잉현상이 두드러지게 나타나고 있다. 그래서 지나친 양적 팽창으로 향후 구조조정이 일어날 수도 있다는 우려가 있다. 과거에는 대형 커피전문점과 중소형 커피전문점과의 양극화 현상이 심했지만 최근에는 대형 커피전문점 간에도 치열한 경쟁이 벌어지고 있다. 이러한 치열한 경쟁에서 살아남기 위해 커피전문점은 단순한 커피 판매 이외에도 다른 커피전문점과는 다른 차별화된 서비스를 소비자들에게 제공하려고 노력해야 한다.

통계청 자료에 의하면 2009년까지 우리나라에 영업 중인 커피전문점 브랜드별 매장 현황은 다음과 같다.

국가명	브랜드명	매장 수(개)	상표
한국	엔제리너스	225	Angel-in-us Coffee 엔제리너스커피
	할리스	216	HOLLYS COFFEE
한국	탐앤탐스	168	TOM N TOMS COFFEE
	카페베네	144	caffé bene
	투썸플레이스	61	A TWOSOME PLACE
미국	스타벅스	320	
	커피빈	200	The Coffee Bean & Tea Leaf Est. 1963
이탈리아	파스쿠찌	50	PASCUCCI

커피 교육 및 커피 자격증

커피 교육

커피와 관련된 교육기관은 커피 수요자의 증가와 함께 다양한 형태의 교육시설로 개설되어 있는데, 각 지역 대학의 평생교육원 과정 중 바리스타 과정은 수강생에게 최고의 인기를 누리는 교육과정 중 하나로, 바리스타학과를 신설하는 대학 및 직업전문학교가 늘고 있다. 커피전문점 중에서 할리스커피는 커피바리스타 학원 인가를 취득하고 할리스 커피아카데미를 개설하였다. 누구나 쉽게 배울 수 있는 취미반 커피홀릭 클래스(Coffee-holic Class)와 전문 바리스타 양성과정인 커피마스터 클래스(Coffee Master Class) 두 개의 과정을 운영하고 있다. 탐앤탐스도 직원을 대상으로 하던 아카데미를 일반인에게 개방하여 커피에 대한 전문 지식을 가진 수많은 졸업생을 배출하고 있다.

출판계 또한 커피와 관련된 다양한 도서를 출판하고 있는데, 토종 커피 프랜차이즈 카페베네를 급성장시킨 강훈 전 사장의 '카페베네 이야기', 하워드 슐츠 스타벅스 회장의 두 번째 자서전 '온워드', 이 외에 '커피의 거의 모든 것', '커피바리스타 자격시험 대비서', '커피 인사이드', '커피 수첩', '일본식 커피 수업', '핸드 드립 커피' 등 다양한 커피 관련 책이 쏟아져 나와 있다. 이는 우리나라 사람들에게 커피가 단순한 기호식품을 넘어 하나의 문화로 자리잡았음을 보여주는 단면이기도 하다.

커피 자격증

현재 국내의 커피관련 자격증은 국가에서 공인된 자격증은 아니다. 사단법인 및 교육단체를 통한 민간자격증에 불과하다. 커피관련 자격증이 창업이나 취업에 꼭 필요한 필수요건도 아니어서 전문기관에서 교육을 받으려는 사람들은 명확한 목적을 가지고 공부해야 한다. 또한 수료증으로 마무리해야 할지 민간자격증이라도 취득을 해야 할지 결정은 본인이 커피를 공부하는 목적과 의지에 달려있다.

현재 우리나라에서 시행되고 있는 음료관련 자격증 안내를 요약하면 다음과 같다.

자격증 명칭	특징	시행기관	홈페이지 주소	자격내용
조주기능사	국가공인	한국산업인력공단	www.q-net.or.kr	칵테일
바리스타 2급	민간	한국커피교육협의회	www.kces.or.kr	커피
커피조리사	민간	한국평생능력개발원	www.coffeeacademy.com	커피
커피바리스타	민간	한국능력교육개발원	www.caea.or.kr	커피

이 외에도 우리나라에서 시행되고 있는 해외의 커피관련 자격증도 있는데 그 중 이탈리아의 라바짜 바리스타 자격증과 인도네시아 발리 바리스타 자격증을 소개한다.

❶ 이탈리아 라바짜 바리스타 자격증

이탈리아의 라바짜는 커피의 유통과 바리스타 교육, 커피관련 물품 판매 등 커피와 관련된 다양한 사업을 하고 있는 국민기업이다. 이탈리아 라바짜 바리스타 자격증은 라바짜에서 증명하는 커피 자격증이다.

❷ 인도네시아 발리 바리스타 자격증

세계 4대 커피 원산지 중 하나인 인도네시아에서 증명하는 바리스타 자격증으로 해외연수를 통하여 인도네시아 커피 재배, 커피 가공, 커피 유통, 커피 제조 등 다양한 커피산업을 이해할 수 있다.

커피 기구

❶ 국제커피협회

커피의 수급 조절과 가격 안정화를 도모하기 위하여 체결된 국제상품협정을 국제커피협약이라 하는데, 이 협약은 1962년 뉴욕에서 개최된 국제연합커피회의에서 1959년의 커피 수출국에 의한 국제커피협정(ICA, International Coffee Agreement)을 보완하여, 수출국 및 수입국 쌍방에 의해 성립되었다. 이 협정은 커피 수출량 할당을 기본 내용으로 하며, 실질적으로 가격 규제는 하지 않지만, 생산의 조절로 과잉 재고의 처리와 소비 증대를 꾀하여 국제커피시장의 안정을 도모하려는 데 목적을 둔 것이었다. 이어 1968년 제2차 국제커피협정이 체결되었고 1973년 협정기한이 만료되자 3년간 더 연장되었으며, 그 후로도 수급관계의 변화에 대응하여 새로운 커피협정이 계속 이루어졌다. 현행 협정은 1976년 협정을 거의 그대로 답

습한 것으로서 1983년부터 발표된 것이다. 국제커피기관(International Coffee Organizations ; ICO)의 본부는 런던에 있다.

국제커피기관 사이트 주소 : www.ico.org

❷ 아름다운 커피의 공정무역

공정무역(Fair Trade)은 저개발국 농민들이 생산한 커피, 초콜릿, 면화 같은 상품을 시세보다 높은 가격에 구매하는 시민운동으로 우리나라에서도 아름다운 커피 사이트 홈페이지에서 활동할 수 있다.

아름다운 커피 사이트 주소 : www.beautifulcoffee.com

국내외 커피 관련 주요 행사

❶ BAOK(WBC 한국센터)

❷ SCAA주관
- WBC(World Barista Championship)
- JBC(Japan Barista Championship)
- KCA 바리스타 클래식, 얼티밋 바리스타 챔피언쉽, 아시안컵 등
- WCC(World Cup Tasters)

❸ SCAE주관
- 월드 라떼아트챔피언쉽 한국 국가대표선발전
- 월드 컵테이스터스챔피언쉽 한국 국가대표선발전
- 월드 커피인굿스피릿츠 챔피언쉽 한국 국가대표선발전
- 월드 이브릭챔피언쉽 한국 국가대표선발전

chapter 3

에스프레소(Espresso)

카페 에스프레소(Cafe Espresso)

　커피전문점에서 접하는 다양한 종류의 커피 메뉴는 "에스프레소"라는 커피가 기본이 되는데, 이 에스프레소의 정식 명칭은 "카페 에스프레소"이다. 카푸치노(Cappuccino), 아메리카노(Americano), 라떼(Latte), 마키아또(Macchiato) 등과 같은 커피 메뉴는 에스프레소 커피에서 변형된 커피 종류이며, 이를 에스프레소 베리에이션 커피(Espresso Variation Coffee)라고 한다. 따라서 이같이 다양한 커피 메뉴는 에스프레소가 없으면 만들 수 없기 때문에, 에스프레소는 커피 메뉴 전체를 통틀어 매우 중요한 종류라고 말할 수 있다.

　일정 시간 동안 적당한 농도에 맞게 커피를 추출하게 되면 적절한 색감과 향을 가진 에스프레소를 만들 수 있는데, 향이 강하고 진한 에스프레소 커피는 데미타세라는 작은 잔에 담는다.

　에스프레소 커피는 추출된 후 최대한 빨리 마셔야 그 향과 맛을 가장 잘 느낄 수 있다. 에스프레소에는 빠르게 제조된다는 의미와 추출하고 빨리 마셔야 가장 맛있게 즐길 수 있다는 의미가 중복되어 있기도 하다. 그러나 에스프레소는 진한 커피성분액이라 커피 애호가라도 처음 마셔본 사람은 진한 맛과 향에 적응하기 힘들다.

에스프레소를 마실 때 우리는 신맛, 쓴맛, 그리고 혀가 느끼는 질감과 같은 감칠맛, 이 모든 맛들을 복합적으로 느낄 수 있다. 또한 코끝에서 느껴지는 향과 입과 코 안에서 맴도는 긴 여운의 향, 이 모든 것들이 작은 커피 에스프레소 한 잔에서 느껴지는 맛과 향이다. 이러한 모든 에스프레소의 맛과 향을 느끼며 이탈리아인들은 에스프레소를 아침 식사로 빵과 함께 마신다고 하니 에스프레소는 이탈리아의 커피란 생각이 든다.

에스프레소 메뉴를 위한 기본적인 기기와 도구

① 에스프레소 커피를 제조하기 위한 기계, 즉 에스프레소 머신이 있어야 한다.
② 에스프레소 제조를 위한 원두, 즉 로스팅 된 커피콩이 있어야 한다.
③ 로스팅 된 원두를 가루로 분쇄하여야 하는데 이를 위해 일정한 분쇄도를 가진 에스프레소 전용 전동 그라인더가 필요하다.

이 외에도 템퍼, 노크박스, 잔 등 여러 가지 도구가 있어야만 한 잔의 에스프레소 커피를 만들 수 있다.

에스프레소 머신

에스프레소 머신은 추출 그룹의 갯수에 따라 1그룹부터 4그룹까지로 분류할 수 있는데, 다음 사진에서 확인할 수 있다.

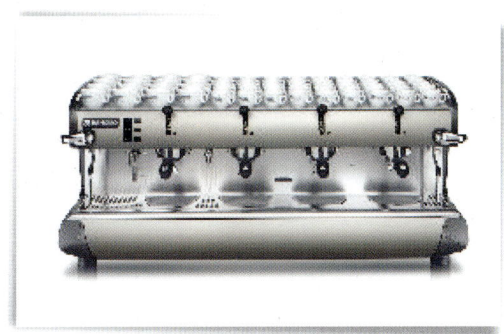

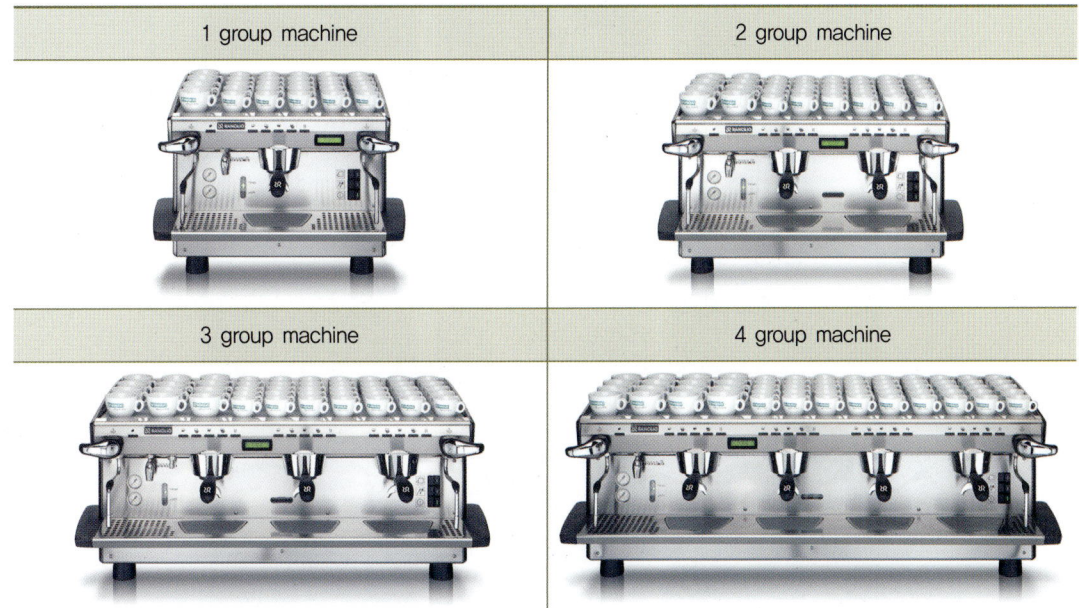

위의 사진과 같이 묵직하고 둔탁하게 생긴 큼직한 기계가 에스프레소 머신이다. 에스프레소 머신은 에스프레소를 추출하는데 있어 가장 핵심적인 역할을 하고 있으며, 일정한 온도와 압력을 가진 물을 제공하여 에스프레소의 고유한 맛을 낸다. 압력 8~9bar와 물의 온도 85~95℃의 환경에서 에스프레소를 추출해야 우리가 원하는 에스프레소 커피 맛을 느낄 수 있다.

에스프레소 머신의 목적은 일정한 추출압력과 온도를 이용하여 진한 커피 원액을 제조해 내는 것이다. 1잔에서 10잔, 많게는 하루에 100잔, 1000잔의 에스프레소를 제공하더라도 같은 맛과 향, 즉 같은 커피가 추출되어야 좋은 에스프레소 머신이라 할 수 있다.

작동 원리는 분쇄된 커피가루를 담는 포타필터라는 바스켓에 에스프레소 추출을 위한 적정량의 커피가루를 그라인더에서 분쇄하여 담아주고 압착(Temping)을 한다. 이를 머신에 장착하여 적정시간 동안 추출을 하면 에스프레소 커피 추출이 이루어진다.

다음 사진은 에스프레소 머신에서 에스프레소 커피가 추출되는 과정을 순서대로 보여 준다.

에스프레소 커피 추출 과정

간략하게 요약하면 고온, 고압의 물을 일정하게 배출하여 에스프레소의 추출에 이상적인 물을 잘 다져진 커피 층에 주입하는 것이다.

지금은 모든 커피전문점에서 사용할 정도로 에스프레소 머신이 대중화되었다. 에스프레소 머신은 사용방식에 따라 수동, 반자동, 전자동 머신이 있으며, 국내에서는 반자동 머신을 많이 사용하고 있다. 누구나 몇 번만 해보면 손쉽게 사용할 수 있을 정도로 사용 방법은 간편하다. 에스프레소 머신을 사용할 때 가장 어려운 부분은 바로 기계를 관리하는 것이다. 고가의 장비인 만큼 신경 써서 관리하지 않으면 기계의 수명이 줄 뿐만 아니라 위생은 물론, 에스프레소 커피의 맛도 변질되기 때문에 주기적으로 기계를 관리해 주어야 한다.

에스프레소 그라인더

에스프레소 머신이 에스프레소 추출 시 물의 압력, 온도 그리고 커피 추출량에 영향을 미친다면, 그라인더는 커피 자체의 분쇄도를 조절함으로써 에스프레소 추출물의 농도와 맛의 특성을 결정한다.

일반적으로 그라인더도 세분화하여 에스프레소용 그라인더와 핸드 드립 그라인더로 구분하지만 그라인더의 분쇄도 조절나사를 이용하여 커피원두 자체의 분쇄도를 조절할 수 있기 때문에 굳이 그라인더를 구분할 필요는 없다.

좋은 그라인더일수록 그라인딩의 안정도와 열에 대한 내구성이 좋아지기 때문에 그라인더의 성능도 에스프레소 머신과 함께 매우 중요하다.

좋은 그라인더는 커피 100잔에서 많게는 1000잔의 커피를 연속적으로 분쇄하더라도 항상 같은 굵기로 분쇄된 원두를 제공해 준다.

그라인더의 볶은 커피콩(Coffee Bean)을 담는 통(Hopper)에 커피콩을 넣고 전원을 올리면 콩이 갈리는 소리가 들리면서 도저 챔버(도저통) 안으로 분쇄된 원두가 담기게 된다. 이를 도저라는 레버로 에스프레소 머신의 포타필터 바스켓 안에 담을 수 있게 되는데 이를 패킹(Packing)이라 한다.

그라인더는 커피 맛에 대부분의 영향을 미치는 커피콩의 분쇄도를 조절하여 커피의 추출성분에 영향을 미치는 중요한 장비이기 때문에 적절한 사용뿐만 아니라 관리에도 유의하여야 한다.

그러나 카페를 운영하고 있는 대부분의 사람들이 그라인더의 중요성을 무시하고 에스프레소 머신에만 초점을 두고 있는 경우가 많다.

이는 에스프레소 머신의 가격이 워낙 고가이기 때문에 기계 판매 업체에서 에스프레소 머신을 구입할 때 그라인더를 기본적으로 제공해주기 때문이다.

그라인더와 그라인더 날

결론적으로, 커피를 만드는 재료는 커피원두와 물이기 때문에 에스프레소 전용 머신과 정수필터에 신경을 써야 하는 것은 당연하고, 커피원두의 분쇄도를 조절하는 그라인더 구입에도 투자는 물론 분쇄를 잘 할 수 있도록 많은 시간을 할애해야 한다.

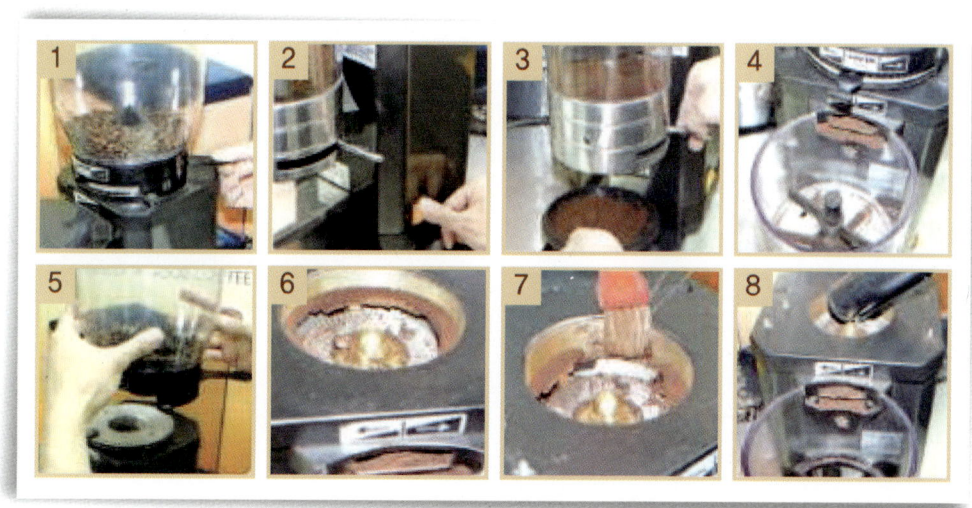

에스프레소 그라인더의 청소 및 관리

에스프레소 원두 및 도구

에스프레소 원두

에스프레소에 사용하는 커피콩은 블렌딩된 원두를 사용한다. 짧은 시간에 진한 맛과 향을 가진 커피를 만들기 위해서는 좀 더 로스팅이 되어 각각의 향미를 가진 커피를 잘 배합한 원두를 사용하는 것이 좋기 때문이다. 따라서 에스프레소 커피콩을 만들기 위해서는 항상 일정한 블렌딩과 로스팅률을 유지하여야만 언제나 같은 맛을 유지하는 에스프레소를 만들 수 있다.

진하게 볶아진
에스프레소 커피콩

에스프레소 전용 도구

❶ 템퍼(Tamper) 및 노크박스(Nock box)

스테인리스 템퍼 　　　 알루미늄 템퍼 　　　 우드 템퍼

커피 제조 시 템핑이라는 작업을 할 때 필요한 도구인 템퍼는 잡는 부분과 누르는 부분으로 구성되어 있으며 제조회사나 규격에 따라 다양한 종류의 템퍼가 있다. 일반적으로 58mm 사이즈의 템퍼를 많이 사용한다.

템퍼는 손으로 손잡이를 감싸 쥐었을 때 크기가 잘 맞는 것도 중요하지만 무엇보다도 템핑 시 손과 손목, 팔목, 어깨 등 몸에 무리가 가지 않는 것으로 사용해야 한다. 바리스타 스스로도 템핑 작업 시 바른 자세로 잡는 것이 중요하다.

노크박스에 커피 찌꺼기 버리기

TIP

노크박스는 에스프레소 커피 추출 후 남은 커피 찌꺼기를 제거하기 위해 고안된 받침통이다.

❷ 스팀 전용 피처

에스프레소 머신에는 에스프레소 추출이라는 기본적인 기능 외에 밀크 스티밍이라는 기능이 있다.

일정량의 우유를 항상 같은 온도로 가열하고, 거품의 배율을 적정량으로 유지하기 위해 스팀기능을 사용하게 된다. 이에 적절한 양의 우유를 채우고 스티밍을 원활하게 할 수 있도

스팀 전용 피처

록 고안된 기구가 바로 스팀 전용 피처이다. 스팀 전용 피처의 재질은 일반적으로 스테인리스이며, 크기는 작게는 350ml에서 1,500ml까지 일정한 규격으로 나누어져 있다.

스팀 전용 피처는 관리가 매우 중요한데 이는 항상 우유를 담고 가열되는 기구이기에 관리를 소홀히 하면 잔여 우유에 의해 비린내 같은 좋지 않은 향이 남게 되기 때문이다.

이를 방지하기 위해서 피처는 항상 깨끗하게 씻어서 냉장고에 차게 보관해 주는 것이 좋으며, 피처를 냉장고에 보관할 때 여러 가지 많은 물품과 함께 보관하게 되면 스팀 피처에 좋지 않은 향이 밸 수도 있기 때문에 가급적이면 스팀 전용 피처와 우유만을 보관할 수 있는 냉장고를 따로 마련하는 것이 좋다.

❸ 잔 · 잔 받침 · 스푼

에스프레소 커피를 추출할 때는 데미타세라는 작고 두꺼운 보온성 좋은 잔을 사용해야 에스프레소의 온도와 맛과 향이 잘 유지된다. 잔의 종류에도 여러 가지가 있지만 무엇보다도 에스프레소의 진한 향미에 잘 어우러지는 색깔의 잔과 잔받침을 사용하는 것이 좋다.

에스프레소 전용 스푼은 에스프레소 커피의 섬세한 맛과 향을 잘 느끼기 위하여 작고 좁은 스푼을 사용하는 것이 좋다.

커피 잔

잔 받침

스푼

전체사진

❹ 청소용 붓·청소약

　일반적으로 붓은 특유의 잡미가 없는 좋은 재질의 붓을 사용하는 것이 좋지만, 어떤 붓을 사용하느냐 보다는 커피 분쇄가루를 쓸고 정리하기 위하여 이를 잘 관리하는 것이 좋다. 특히 에스프레소 전용 그라인더의 도저 챔버 안을 정리하는 붓은 절대로 물기가 있으면 안 되기 때문에 깨끗이 마른 상태로 사용할 수 있도록 관리를 잘 해야 한다.

　에스프레소 머신은 에스프레소 전용 청소약을 사용하며, 그룹헤드는 내관을 청소해 주어야 한다. 청소의 횟수 및 기간은 기계를 어느 정도 사용하는 지에 따라 조금씩 상이하나, 일반적으로 1~2일에 한 번씩 사용이 끝난 후에 하는 것이 좋다.

 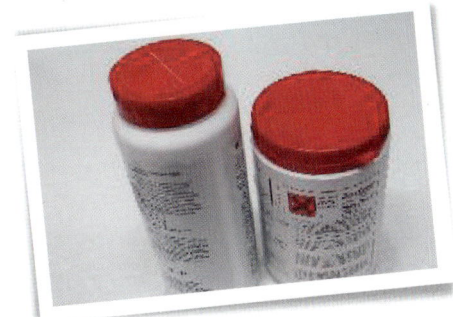

청소용 붓과 청소약

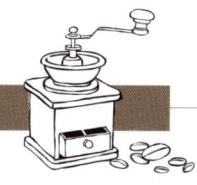

카페 에스프레소 기구의 중요성

에스프레소는 커피의 여러 가지 추출 방법 중 가장 빠른 시간 내에 커피를 제조할 수 있는 추출 방법이며, 고온·고압으로 진하게 추출하기 때문에 소량으로도 충분한 커피의 맛을 연출할 수 있다.
에스프레소를 응용한 다양한 메뉴들은 아직도 개발되고 있으며, 실제로 국내에 바리스타 관련 자격이나 대회에서도 에스프레소 커피와 이를 응용한 메뉴 제조가 평가의 기준이 되는 것이 현실이다. 이에 맞추어 바리스타는 에스프레소 커피를 더욱 안정되고 일정하게 추출하기 위해서 부단히 노력하여야 하며, 관련 기술자들은 더 나은 성능의 기계를 만들 수 있도록 힘써야 한다. 이를 위해 기계들을 효과적으로 사용하고, 관리할 수 있는 방법들이 기계를 사용하는 모든 사람들에게 제대로 알려질 수 있도록 모두 함께 노력을 기울여야 한다.

Coffee and Barista

part 2

커피 자격증 실무 대비

chapter

1 에스프레소의 추출 원리

에스프레소 커피 추출에 대한 평가는 추출시간, 추출량, 크레마의 색과 모양, 맛과 향에 대해서 전체적으로 이루어진다.

에스프레소의 추출시간은 1oz(약 30ml)를 제조할 때 20~30초의 시간이 걸려야 하며 10초 전으로 추출이 완료될 경우에는 에스프레소의 성격을 지니기에는 너무 짧다고 보며, 60초 이상을 초과했을 경우에는 커피의 농도가 높아져서 맛이 지나치게 강하고 커피에서 좋지 않은 쓴맛과 텁텁하고 떫은 느낌이 나기 때문에 좋지 않게 평가한다.

또한 에스프레소의 추출양이 30ml를 초과하였을 경우, 커피 추출액에는 에스프레소와 다른 수용액의 성분이 생성되어 맛과 향미를 잃고 에스프레소만의 특징을 갖지 못한 것으로 평가한다.

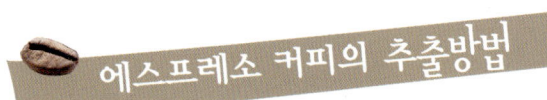

에스프레소 커피의 추출방법

일반적으로 에스프레소 추출방법은 "커피가루 담기 → 커피가루 압착하기 → 포타필터 장착 → 카페 에스프레소의 추출"의 네 가지 순서로 이루어진다.

1. 커피가루 담기

포타필터 바스켓 안에 그라인더로 분쇄된 커피가루를 담는 작업이 에스프레소 추출에 있어서 가장 먼저 해야 할 작업이다. 이때 주의할 사항은 사전에 포타필터 바스켓과 그 안에 있는 물기를 제거해야 한다는 것이다. 만약 포타필터 바스켓에 물기나 다른 이물질이 있을 경우 추출되는 커피의 맛과 향에 좋지 않은 영향을 미치게 된다.

커피가루를 담을 때에는 포타필터 바스켓 전체에 가루가 골고루 담기도록 주의해서 담아야 한다.

포타필터에 커피가루 담기

2. 커피가루 압착하기

다음은 커피가루의 압착인데, 포타필터에 커피가루의 적정량을 담게 되면 에스프레소 전용 템퍼로 무게를 실어주어 커피를 압착한다. 이때 지나치게 세게 누르려고 하면 수평에 맞게 압착이 이루어지지 않아 추출 시에 에스프레소가 균형있게 추출되지 않게 된다.

커피가루 압착   **수직으로 안정된 템핑자세**

또한 몸의 무게를 싣지 않고 인위적으로 힘을 가하여 압착을 하게 되면 손이나 손목에 무리가 가서 건강에 좋지 않은 영향을 미칠 수도 있다. 실제로 주변에 오랫동안 잘못된 방법으로 압착을 하게 되어 일할 때를 제외하고 깁스를 하고 다니는 바리스타들도 있다고 한다.

그렇다면 어떻게 커피가루를 압착을 하는 것이 좋을까? 경험에 의하면 손과 손목의 힘보다는 전체 몸무게를 실어서 템퍼로 수평에 맞추어 압착하는 방법이 가장 바람직하다고 생각한다.

수평이 맞지 않은 템핑(X)   수평된 템핑(○)

3. 포타필터 장착

바리스타들이 에스프레소 커피를 추출하는 과정 중에서 가장 중요하게 생각하는 부분이 바로 포타필터의 올바른 장착이다. 포타필터 장착 전에 알아둬야 하는 것은 템핑과 태핑이 있는데, 템핑은 실제로 압착을 하는 동작이고, 태핑은 템핑 후 포타필터 주변에 있는 커피가루들을 바스켓 안으로 넣어주기 위해 주변에 약간의 충격을 가해주는 동작이다. 템핑(Tamping)이나 태핑

장착 시 포타필터에 충격이 가면 커피층에 균열 발생

(Tapping)의 중요성에 대해서는 바리스타마다 다른 견해를 보이고 있으나, 템핑 및 태핑보다 더 중요한 것은 포타필터를 에스프레소 머신에 올바르게 장착하는 것이다.

실제적으로 포타필터를 에스프레소 머신에 장착할 때 포타필터에 큰 충격을 가하거나 장착을 한 번에 하지 못하고 몇 번 시도하다 보면 포타필터에 담긴 커피가루는 100번 이상을 태핑한 만큼의 영향을 받게 된다. 그러면 포타필터에 잘 다져놓은 커피가루층이 한순간에 산산조각이 나기 때문에 주의해야 한다. 다시 말해 포타필터를 장착할 때는 포타필터에 충격이 가지 않고 안정된 장착을 할 수 있도록 많은 연습을 해야 한다.

올바른 포타필터 장착

4. 카페 에스프레소의 추출

포타필터를 에스프레소 머신에 잘 장착하였다면 다음 사진처럼 안정된 추출이 이루어질 것이다.

에스프레소 추출과정

지금까지 설명한 커피가루 담기와 압착 그리고 포타필터 장착까지 모든 동작에 최선을 다해 올바른 방법으로 커피를 추출한다면 좋은 결과물을 얻게 될 것이다.

에스프레소 추출 시에 확인해야 할 사항은 추출되는 추출물의 물줄기이다. 좋은 추출은 물줄기가 가늘고 가급적 끊어지지 않으며, 진한 농도와 색깔의 에스프레소 커피 추출물이 추출 시작 후 5초 전후에 나와야 한다. 올바른 담기나 압착이 되지 않았거나 포타필터 삽입의 좌우가 맞지 않았다면 추출물의 물줄기가 방울 방울 떨어지거나 커피가 전체적으로 연하게 추출될 것이다.

옆의 사진은 잘 추출된 에스프레소 커피이다. 한 잔의 에스프레소 상부에는 오일 거품층인 크레마(Crema)가 생성된다. 크레마는 에스프레소의 색감과 모양, 복원력과 지속력, 감칠맛 그리고 전체적인 향미를 결정하는 요소이다.

좋은 추출에서 나온 결과물

카페 에스프레소 추출 비교

적당한 담기와 압착·장착과 추출에서 큰 문제점이 없었다면 좋은 에스프레소 커피를 추출할 수 있는데, 좋은 에스프레소 커피에는 몇 가지 특징이 있다.

좋은 에스프레소 커피는 크레마의 색상이 전체적으로 붉은 느낌이 있는 갈색이어야 하며 진한 갈색, 연한 갈색, 붉은색 등의 조화로움이 있어야 한다. 또한 잘 추출된 에스프레소는 반짝이는 광택이 있어야 하며 잘못된 추출 시 나타나는 하얀 거품이나 검은 기름무늬가 형성되어서는 안 된다.

좋은 에스프레소 커피(○)

잘못된 에스프레소 커피(X)

위 사진은 에스프레소를 잘못된 방법으로 추출한 결과물이다. 먼저 첫 번째의 사진은 커피가루를 담는 방법이나 압착과 필터의 장착 시에 발생하는데 커피가루가 추출하는 과정에서 노출되어 나타난 결과물이다. 사진에서 보는 바와 같이 한쪽에 커피가루들이 뭉친 모양이 형성되어 그 부분만 특히 검게 나타나는 특징이 있다. 커피 맛과 향미 또한 균형이 잡혀 있지 않은 느낌이 난다.

두 번째 사진은 커피가루를 담을 때 양을 적게 담아서 일정량을 추출하였지만 연한 색상의 크레마가 나타난 결과물이다. 또는 압착하는 과정에서 무게가 전혀 실리지 않았다든가, 필터 장착 시 큰 충격으로 필터 안의 커피가루에 물길이 형성된 경우에 일정한 추출량보다 조금 더 추출을 하여 전체적으로 농도가 낮아진 결과물이라고도 할 수 있다.

또한 분쇄된 커피가루를 담을 때 지나치게 많이 담았거나 무리해서 압착을 한 경우에 추출할 때 추출시간이 길어져 추출성분 중 유익하지 않은 성분까지 추출될 수 있으며, 이 경우에는 좋지 않은 맛이 나게 된다.

잘못된 추출에 의해 생성된 기름성분

크레마의 지속성과 복원력

크림같은 성분의 덩어리로 잘 갖추어진 크레마는 지속성과 복원력이 좋다. 이는 바로 추출된 추출액을 가지고 평가해야 하며 크레마의 성분과 모양을 확인한 후 투명한 샷 글라스를 이용하여 평가를 해본다. 샷 글라스를 한쪽으로 기울이면서 크레마의 늘어지는 정도를 확인해 보는데, 이때 같은 색상과 모양으로 늘어지는지를 확인하면 된다. 다시 본래의 상태로 되돌려 크레마의 색상과 모양이 본래의 상태로 돌아오는 정도로 복원력을 확인할 수 있다.

chapter 2
에스프레소의 추출 기준

에스프레소는 정확한 시간에 의한 추출, 정확한 용량, 크레마의 특성도 중요하지만 무엇보다도 기호음료인 만큼 맛이 중요하다. 맛의 균형을 위해서 바리스타는 다음의 사항을 준수하여야 한다.

동작 1) 포타필터 안 커피층의 밀도의 정량화(양적인 균형)

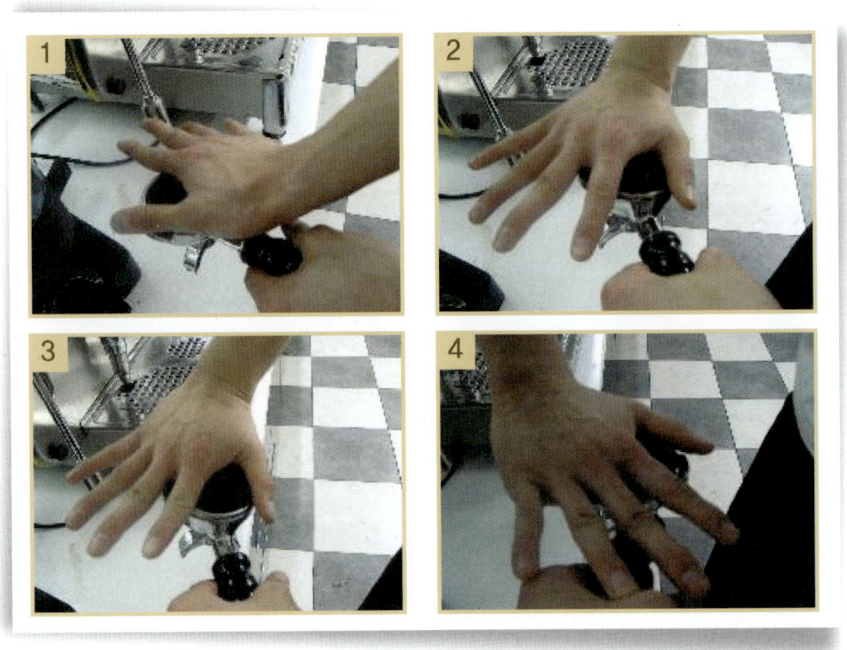

포타필터 바스켓 안에 담는 커피 양의 일정화를 위해 바리스타는 커피가루를 고르게 하는 작업을 한다. 위의 사진은 전체적인 커피 양의 밀도를 맞춰주기 위하여 커피가루를 고르게 하는 작업을 보여주는 예이다. 이는 커피의 추출 시 보다 전체적으로 안정된 느낌의 추출과 커피층의 안정화를 위한 작업이라 하겠다.

동작 2) 포타필터 바스켓 안 커피층의 안정화(수평도)

커피가루를 잘 담아도 포타필터 안에 커피층의 균형이 맞지 않는다면 추출 시 물길이 생겨 에스프레소가 연하게 추출되거나 불안정한 맛과 향이 나게 된다. 이를 방지하기 위하여 바리스타는 커피층을 템퍼로 압착시킨 후, 그 상태로 들어보아서 육안으로 수평도가 맞는지 반드시 체크를 하고 기계에 필터를 장착하는 것이 좋다.

동작 3) 추출시간의 조절(적절한 농도)

　위의 사진은 에스프레소를 적절한 농도의 양이 될 때까지 추출 후 기계의 동작을 멈춘 것이다. 반자동 에스프레소 머신은 추출량에 따른 버튼이 있는데, 이는 커피의 농도와는 관련 없이 오로지 추출량에 따른 추출결과를 보여준다.
　좀 더 완벽한 한 잔의 에스프레소를 추출하고자 한다면 에스프레소 추출시간도 직접 조절할 수 있어야 한다. 적정량이 추출되는 지를 확인하고, 떨어지는 물줄기에서 끈적임이 거의 없어진 물의 느낌이 강할 경우 멈추어 주는 것이 좋다.
　에스프레소의 적절한 양은 약 1oz(30ml)이나, 적절한 농도의 에스프레소 양은 추출 이전의 동작인 담기, 압착과 장착에 따라 조금씩 달라질 수 있다.

chapter 3
카페 카푸치노의 추출 원리

우유거품 생성

카페 카푸치노를 제조하기 위해서는 거품과 우유가 잘 혼합된 스팀우유가 필요하다. 이를 제조하는 방법과 그 원리에 대해서 알아보자.

먼저, 스테인리스 스틸 재질로 만들어진 600ml 정도의 스팀 피처를 준비한다. 일반적으로 가장 많이 사용되는 사이즈이며 이보다 큰 용량은 1,000ml이다. 중간 사이즈 피처를 구매하면 600ml 정도의 사이즈라는 점을 알아두면 된다.

우유를 피처에 담는다. 피처의 안을 보게 되면 양을 파악하기 좋도록 홈이 나 있는 부분이 있다. 그 부분을 기준으로 선의 아래까지 우유를 채워주면 거의 정량이 나온다. 이는 약 200~250ml 정도가 되며 카푸치노 2잔을 제조하기에 적당한 우유의 양이 된다.

이때 우유는 4~5℃ 정도의 냉장보관을 하여 스티밍 직전에 바로 사용할 수 있도록 한다. 이는 우유의 온도가 낮은 상태에서 스티밍이 시작되어야 우유의 거품상태도 좋을뿐만 아니라 우유가 원하는 온도까지 가열되는 시간이 길어져 좀 더 안정화된 우유거품을 만들 수 있게 된다. 이 상태에서 스팀 벨브를 조금씩 열어주면 구우웅~ 하는 소리와 함께 스팀작용이 일어난다. 이때 주의할 것은 스팀의 세기인데 처음에 벨브를 열기 시작하여 지속적으로 열어주면 구우웅~ 하는 소리가 차츰 줄어들면서 물살이 흐르는 소리가 들리게 되는데, 그 시점부터 스팀 벨브를 잠그기 전까지 벨브에서 손을 놓고 피처에서 직접 우유의 온도를 감지한다.

1. 거품 생성을 위한 위치
2. 거품이 생성되는 모습
3. 저온에서 거품 생성
4. 약 40℃ 전에서 거품 형성

스팀피처를 양손으로 안정적으로 잡고, 서서히 아래로 내리면서 우유 표면으로 공기가 유입되도록 한다. 공기가 공급되면서 우유거품이 형성된다. 스팀피처에 우유거품이 7할 정도 올라올 때까지 공기를 넣어준다. 이때 우유의 온도는 40℃를 넘어서는 안 되는데, 그 이유는 40℃

이하에서 완성해야 생성된 우유거품의 성질이 거의 변하지 않아서 혼합에 의한 고운 우유거품을 잘 형성할 수 있기 때문이다.

혼합작용을 시킴

전체적인 동작 후 종료

우유거품이 형성되어 전체적인 우유의 부피가 증가하고, 표면의 위치가 70~80%까지 상승하면 이제 우유의 거품과 우유액의 혼합 과정을 실시해야 한다.

스팀노즐의 위치를 우유가 차오른 표면 가운데에서 외곽으로 이동시켜주면 전체적으로 크게 회오리치는 물결을 눈으로 확인할 수 있다. 그 시점부터 전체적인 우유거품과 우유액의 혼합이 진행되어야 한다.

이때부터 손으로 스팀피처의 온도를 확인하면서 적정한 온도에서 스팀을 멈출 수 있도록 연습해야 하는데, 이때 완성된 우유의 온도는 60~70℃ 정도가 적당하다.

우유 스티밍 후 거품상태

스티밍 후 우유 표면의 거품상태가 조금 거친 느낌이 들 수도 있다. 이때는 피처를 바닥에 탁탁 쳐서 큰 거품을 어느 정도 제거하고, 피처를 바닥에 대고 큰 원의 느낌으로 우유가 회오리 칠 수 있게 흔들어준다. 그러면 우유의 표면에 광택이 나고 고운 느낌의 혼합이 잘 된 우유거품이 만들어진다.

전제적으로 흔들어 혼합

이때 아무리 흔들어도 좋은 느낌이 들지 않는다면 스티밍 시 거품을 내고 거품과 우유액을 혼합시키는 과정에서 혼합이 잘 되지 않았을 가능성이 크다.

혼합을 잘 하기 위해서는 스팀노즐의 위치와 전체적인 각도를 적절하게 조절하는 게 중요하다. 가급적이면 스팀노즐의 각도와 스팀피처의 각도가 평행하도록 하고, 스팀노즐은 지면에서 수직이 되는 위치에서 스티밍을 하는 것이 혼합을 하는데 좀 더 안정적으로 할 수 있다.

스팀노즐의 각도는 스팀피처와 평행하게 함

우유모양 표현

　라떼아트는 스티밍된 우유를 에스프레소와 혼합시키면서 다양한 모양의 작품을 만드는 것을 말하는데, 스팀우유를 에스프레소에 주입할 때 우유의 유속을 잘 이용하여 스팀우유가 에스프레소 안으로 들어감과 동시에 유속에 의해 다시 밀려 떠오르는 거품을 이용하여 다양한 모양을 만드는 것이다.

　스팀우유를 에스프레소 커피에 어떻게 혼합을 시키느냐에 따라 커피의 전체적인 맛과 향이 달라질 뿐만 아니라 크레마와 우유거품, 우유액의 적절한 조화로움으로 표면에 떠오르는 우유거품의 모양이 뚜렷하게 형성된다. 방법은 우유 모양의 표현 원리를 이해하려고 한다면 이해하기 좀 더 쉬울 것이다. 기본적으로 모양을 낼 때에는 머리 속으로 하얀 원을 떠올린다. 스팀피처를 에스프레소 표면에서 움직임으로써 파장과 같은 물결을 일으키고 파장에 의해 밀려 떠오르는 거품의 퍼짐 현상으로 둥그스름한 원의 모양을 형성할 수 있다.

　아래의 첫 번째 사진처럼 약간은 높은 위치에서 잘 섞여진 스팀우유를 거품과 우유액을 같이 에스프레소에 주입한다는 생각으로 약간 "뚝" 떨어뜨리듯이 붓는다. 이때 주의할 점은 부어주면서 조금씩 컵에 가까이 부어주어야 한다는 것이다. 그 이유는 오른쪽 사진처럼 잘 섞인 크레마층과 우유층의 하얀 거품성분이 위로 잘 떠오르도록 하기 위해서이다. 스팀피처에서 떨어지는 우유를 최대한 컵과 가까이 하여, 우유거품층이 생성되는 표면에 가져가야만 하얗고 고운 거품성분이 형성된다.

　초보자가 처음부터 이 원리를 이해하고 우유로 그림을 그리기는 어려우므로 많은 노력으로 본인만의 노하우와 스타일을 찾아간다면 고객이 요구하는 모양의 라떼아트를 완성할 수 있을 것이다.

| 우유의 주입 | 우유의 떠오름 |

카푸치노 추출 기초

맛 좋은 한 잔의 카푸치노를 만들기 위해서는 에스프레소 한 잔(30ml), 고운 우유 90ml, 우유 거품 90ml를 준비해야 한다.

먼저, 앞에서 배운 우유거품 생성과 혼합의 원리를 이용하여 스팀우유를 제조하면 되는데, 아래 사진을 참고하여 거품이 가운데 형성된 카푸치노의 특징을 잘 살린 커피를 만들어 보자.

에스프레소에 우유를 주입한다.

피처를 가까이 가져가면서 거품이 형성되는 것을 유지한다.

전체 양을 가득 채워 거품을 형성시켜 완성하면 된다.

조화로운 색상에 가운데 하얀색 거품이 뚜렷해야 한다.

카푸치노 거품층 확인

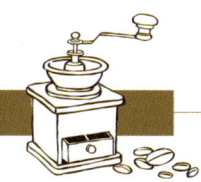

카푸치노는 거품이 잘 형성되었는지가 가장 중요하다.

거품층의 확인

카푸치노 거품의 특징은 전체적으로 거품이 잘 혼합되었다는 것이 느껴져야 한다는 것이다. 즉, 에스프레소와 잘 혼합된 거품 색상이어야 하며, 표면도 거친 느낌이 없이 마치 실크처럼 보이는 부드러운 거품이어야 한다는 것이다.

카푸치노의 좋지 못한 예

실패 경우 1 : 거친 거품의 카푸치노

거품이 전체적으로 고르지 못하며 거품의 모양이 탁하고 거칠게 보인다. 이런 카푸치노는 마셨을 때 맛 또한 거칠고 텁텁하다. 이런 카푸치노의 원인은 밀크 스티밍 시에 너무 거친 거품을 만들어 내거나 또는 우유의 온도가 지나치게 높아 우유의 성질이 심하게 변질되었기 때문이다.

실패 경우 2 : 거품이 형성되지 않은 카푸치노

딱 보기에도 거품을 거의 느낄 수 없을 정도로 거품이 거의 형성되지 않은 경우이다. 거품이 제대로 형성되지 않은 카푸치노를 마셨을 때는 부드러운 거품이 거의 느껴지지 않음은 물론, 일반 라떼 같은 느낌이 많이 난다. 이러한 경우의 원인은 밀크 스티밍 시 거품을 제대로 만들지 못한 상태로 스팀우유를 에스프레소에 부어 에스프레소의 크레마가 거품과 섞이지 못하고 그대로 남았거나, 밀크 스티밍 후 에스프레소에 스팀우유를 제대로 붓지 못하여 발생한다.

실패 경우 3 : 우유 상태는 좋으나 거품이 적게 형성된 카푸치노

이 경우는 겉으로 보기에 우유의 상태가 좋아 전체적으로 카푸치노에서 광택이 나고 좋은 느낌이 느껴지지만, 전체적인 모양의 균일성이 떨어지며 마셨을 때 부드러운 맛을 느낄 수는 있지만 거품의 느낌은 약하게 느껴진다. 이러한 현상의 원인은 거품을 많이 내지 못하였거나, 혼합을 오랫동안 진행하였을 때 온도를 적정하게 맞추지 못했을 경우에 발생한다.
또한 밀크 스티밍을 잘 하여도 에스프레소 커피에 스팀우유를 붓기 전에 스팀우유를 잘 혼합시키지 않으면, 우유와 거품이 나누어져 우유와 거품의 밀도 차에 의해 우유액이 먼저 커피에 부어지고 거품이 마지막에 올려지는 경우도 있다. 실제로 자격증 시험에서 연이어 두 잔의 카푸치노를 제조할 때 거품과 우유액을 잘 섞지 않고 에스프레소를 주입하여 흔히 발생되는 문제점으로, 항상 우유를 붓기 직전에 우유액과 거품이 잘 섞여진 우유를 부어낼 수 있도록 흔들어 혼합시키는 연습을 해야 한다.

거친 거품의 카푸치노

거품이 형성되지 않은 카푸치노

우유의 상태는 좋으나 거품이 적게 형성된 카푸치노

실패 경우 4 : 거품이 지나치게 형성된 카푸치노

카푸치노 양이 적어서 잔의 상부까지 카푸치노가 제대로 제조되지 못한 경우이며, 이런 현상의 원인은 우유를 정해진 양보다 적게 넣고 스티밍을 하였기 때문이다. 또한 우유의 양이 적어 에스프레소에 우유거품이 제대로 주입되지 않아 거품의 상태가 거칠고 색이 조화롭지 못한 것이다.

거품이 지나치게 형성된 카푸치노

chapter 4
바리스타 자격시험

바리스타 자격시험과정

　바리스타 자격시험은 일반적으로 시연을 위한 준비동작과 에스프레소, 카푸치노를 제조하여 심사위원에게 제공하는 시연동작으로 이루어진다.

　준비동작은 주어진 시간 안에 사용할 에스프레소 머신과 에스프레소 그라인더의 작동상태를 확인해야 하며, 에스프레소 추출이 올바르게 이루어지는지 확인하기 위해 시범추출을 해야 한다. 그 다음 시연동작에서 사용할 시연잔을 예열한다. 예열 후 잔의 물기를 제거하여 에스프레소 머신의 워머 위에 올려놓고 건조시키는 것까지 완료해야 한다.

　시연동작에서는 주어진 시간 안에 에스프레소와 카푸치노를 각각 제조하여 종류별로 동시에 심사위원에게 제출해야 하며, 뒷정리를 완벽하게 마쳐야 시험이 종료된다.

　바리스타 자격시험에서 중요한 점은 무엇보다도 에스프레소의 추출시간과 추출량, 카푸치노의 거품상태이다. 즉, 에스프레소는 에스프레소 정의에 맞게 추출이 이루어져야 하며 카푸치노 또한 정의에 맞게 적정한 거품양과 우유의 부드러움이 중요하다. 또한 정해진 시간 안에 작업하는 것도 중요한 부분 중 하나인데, 시간을 초과하면 감점을 받거나 실격이 될 수 있다.

시연 전 준비동작

시험 시 개인이 준비해야 하는 앞치마, 린넨, 행주, 우유(선택사항), 템퍼(선택사항), 스팀피처(선택사항)를 준비하고 앞치마를 착용한 상태에서 고사장에 대기한다. "시작"을 알리면 시험이 시작된다.

첫 번째 동작은 사진에서처럼 에스프레소 머신의 전원상태를 확인한다. 에스프레소 머신의 전원은 여러 가지 형태가 있으며 일반적으로는 1단계인 물이 채워지는 단계, 2단계인 물과 전체적인 내관이 예열되어지는 단계가 있다.

①번 사진은 추출을 위한 준비단계이므로 기계는 반드시 2단계로 맞춰야 하며, 상부 외관을 살짝 만져서 예열상태를 확인하면 된다.

두 번째 동작은 ②번 사진처럼 압력 게이지를 확인해야 한다. 보통 기계에는 두 가지 게이지가 있다. 위는 스팀이 분출되는 압력이 표시되는 스팀 압력 게이지이고, 아래는 에스프레소 추출 시의 압력을 확인하는 추출 압력 게이지이다. 스팀 압력 게이지는 "1~1.5"에, 추출 압력 게이지는 "8~9"에 바늘이 위치하고 있어야 하며, 스팀 압력 게이지의 바늘이 정상 수치에 있는지를 확인하고, 작동 시에 게이지의 변화가 있는

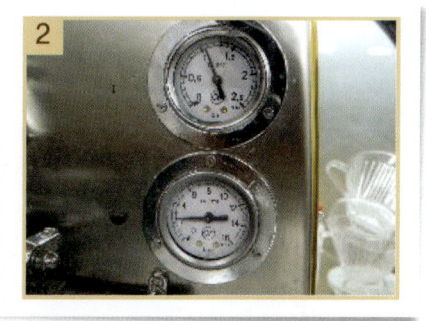

지도 확인해야 한다. 단, 스팀이 분출되면 어느 정도 수치의 변화가 나타나는 것은 정상이므로 크게 신경쓰지 않아도 된다.

추출 압력 게이지는 평상 시의 수치가 도시 수도의 일반 압력이며, 추출 버튼을 작동시켜야 추출 압력이 표시된다.

③번과 ④번 사진은 스팀을 직접 분출하면서 스팀 압력 게이지의 변화를 확인하는 작업이다.

직접 추출 레바를 작동시켜 물 상태와 추출 압력 게이지를 확인하며, 샤워필터와 포타필터의 상태를 확인하고 물의 추출여부와 게이지를 체크한다.

⑨번 사진은 보일러(물탱크)에 채워져 있는 물의 양을 확인하는 것인데, 보일러 안에 적정량의 물이 있는지를 확인한다. 주의할 점은 적정량이라는 점인데, 에스프레소 머신은 적정량의 물과 수증기의 비율이 유

지되어야 하기 때문에 각 에스프레소 머신에 표시되어 있는 매뉴얼에 따라 물의 양을 맞춰주어야 한다.

에스프레소 머신의 각 기능을 점검한 후 세 번째로 그라인더를 점검해야 한다. 그라인더 점검은 간단하다. 먼저, 원두를 담는 "호퍼"라는 통에 원두가 적정량 담겨있는지 안에 이물질은 없는지 확인한다. 다음은 원두의 분쇄도를 체크해야 하는데, 원두가 일정하게 분쇄되어 분쇄통으로 나오는 지를 확인하면 된다.

만약, 그라인더의 전원을 "ON"에 위치시켰는데 원두가 전혀 분쇄되지 않는다면 그라인더 기계의 이상여부를 평가자에게 알리고 확인하면 된다.

네 번째는 준비동작에서 가장 중요한 부분으로, 시연 시에 사용할 잔을 예열하는 것이다. 만약, 시연할 때 잔이 예열되지 않은 상태라면 에스프레소와 카푸치노의 추출온도와 잔의 온도가 상이하여 커피 맛에 영향을 미칠 수 있다. 커피는 물과 주변온도에 따라 맛과 향이 직접적으로 달라지는 주변조건에 매우 민감하게 반응하는 음료이기 때문에 커피를 추출하는 데 있어서 잔을 예열하는 의미는 매우 중요하다고 할 수 있다. 앞으로 커피 추출을 할 때에는 잔을 예열하는 중요성을 잊지 않도록 해야 한다.

잔을 예열하는 방법은 스팀피처에 따뜻한 물을 담아 에스프레소 잔, 카푸치노 잔에 물을 부어 예열하면 된다. 시험 규정에 물이 어느 정도 이상의 양으로 채워져야 충분히 예열된다는 평가항목이 있으니 물의 적정량은 미리 알아두어야 한다.

다섯 번째로 잔이 충분히 예열될 수 있도록 어느 정도 시간을 두고 기다려야 한다. 이 시간 동안 바리스타는 에스프레소 커피를 시범 추출하여 현재의 커피 추출상태를 확인해야 한다. 적절한 커피의 분쇄도, 정확한 커피 담기와 커피 고르기, 커피의 압착과 올바른 장착, 신속한 추출을 통하여 커피가 추출되는 추출구와 추출물의 상태를 확인하며, 앞으로 이어질 시연동작에서 어느 부분을 수정 및 보완해야 하는지 생각해야 한다.

만약 추출되는 물줄기의 굵기가 너무 가늘거나 방울로 뚝뚝 천천히 내려올 경우, 이는 커피층의 저항력이 너무 강해 물이 커피층을 통과하기가 힘든 경우이다. 이러한 경우에는 추출시간이 너무 길어지므로 시연동작 때, 다져지는 커피층의 저항력을 약하게 조절해 주어야 한다. 즉, 커피를 포타필터 바스켓에 담을 시 비교적 적은 양의 커피가루를 담고 약하게 커피층을 압착시켜야 한다는 뜻이다.

반대로 커피가 추출되는 물줄기의 굵기가 너무 굵어 추출시간이 짧을 경우에는 커피의 저항력이 너무 약하여 전체적으로 연한 농도의 커피가 추출되므로 저항력을 강하게 하기 위해서 좀 더 많은 양의 커피를 담고 비교적 강한 힘으로 압착을 해주면 된다.

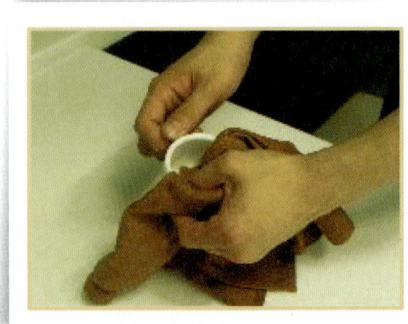 

이렇게 시범 추출까지 하였다면, 예열하였던 잔의 물을 비우고 깨끗이 닦아준다. 잔에 채워진 물의 양이 너무 적거나 예열시간이 너무 짧을 경우, 잔을 기계 상부인 워머에 올려놓아도 잔의 온도가 원하는 만큼 따뜻하지 않을 수 있으니, 이에 유의해서 예열작업을 마무리해야 한다. 즉, 잔을 제대로 예열하기 위해서는 예열 시 기본적으로 잔에 물이 충분히 채워져야 하며, 잔을 하나씩 또는 두 개씩 닦아서 워머에 올리는 작업을 하는 것이 좋다.

간혹 실수로 기계 상부인 워머에 물을 붓는 경우가 있다. 이는 기계 고장의 가장 큰 원인이 되는데 이는 상부 밑으로 노출되어 있는 보일러와 여러 가지 전기선, 센서들이 물에 의해 고장나기 때문이므로 시험 중에는 특별히 조심해야 한다.

잔의 예열작업을 마치면, 남은 시간 동안 그라인더, 에스프레소 머신, 주변정리 정돈을 해야 한다. 그라인더는 정리하는 데 가장 오래 걸리며 커피가루가 조금이라도 남아있으면 지저분해 보이기 때문에 먼저 진행한다.

1. 그라인더 상부의 커피가루 정리
2. 그라인더 내부의 커피가루 정리
3. 그라인더 뚜껑을 이용한 커피가루 정리
4. 그라인더 하부의 커피가루 정리
5. 그라인더 하부받침을 분리하여 정리
6. 주변정리 후 노크박스에 잔여물 정리

그라인더 정리는 청소솔을 이용하여 상부에서 하부로 순차적으로 하는 것이 좋다. 주의할 점은 정리하는 동안에 절대 손이나 청소솔에 물기가 있으면 안 된다는 것이다. 그 이유는 청소 시 물기가 있으면 정리하는 데 어려움이 있을 뿐만 아니라, 그라인더 내부로 물기가 들어가게 될 경우, 시험 시 감점을 받고 시연 때 좋지 않은 에스프레소 추출로 이어질 수 있기 때문에 시간을 활용하여 섬세한 정리가 요구된다.

그라인더 정리 후에는 에스프레소 머신을 청소·정리해야 한다. 먼저 시범 추출 시에 사용했던 포타필터 바스켓의 커피 찌꺼기를 제거한 후 포타필터를 청소한다. 시연할 때 포타필터 바스켓 안에 커피 찌꺼기가 있으면 감점되니 필터 안의 찌꺼기를 버린 후 깨끗이 씻은 다음 장착하여 마무리하는 습관을 길러야 한다.

포타필터 안의 커피 찌꺼기를 확인한다.

노크박스에 찌꺼기를 버린다.

잔여 찌꺼기를 물로 씻어낸다.

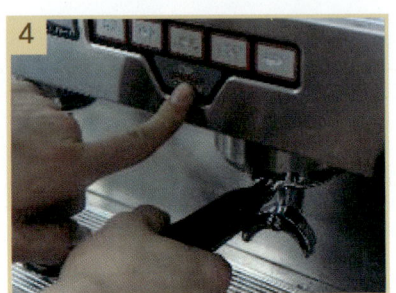
장착 후 STOP 시킨다.

    포타필터를 정리한 후 다른 포타필터도 확인하는데, 작업 도중 다른 포타필터에 이물질이 묻어있을 수도 있기 때문이다.
    다음으로 행주를 가지고 기계 주변을 정리한다. 정리 시 기계 하부에 있는 바스켓 부분을 깨끗이 닦은 후, 기계 및 테이블 바닥 부분, 그라인더 주위를 행주로 닦아 전체적으로 깔끔하게 정리한다.

    마지막으로 당부하고 싶은 것은 시험 때 시간 활용을 잘 해야 한다는 것과 정리 시 침착하고 섬세하며 깔끔하게 해야 한다는 것이다. 시험에 대한 긴장감과 시간에 대한 부족함으로 급하게 정리를 하다 보면 바리스타의 청결적인 자세와 서비스 부분이 안 좋아 보일 뿐 아니라 청결 항목에서 감점 처리되기 때문이다.
    최종적으로 기계, 그라인더, 주변정리까지 마무리한 후 시연 전 모든 준비가 완료된 것을 확인하고 준비동작 시험을 마친다.

에스프레소와 카푸치노 시연

1. 에스프레소 시연

준비동작 시험을 완료한 후 수험자는 평가자의 지시에 맞춰 시연작업을 위해 대기하였다가 평가자의 신호가 있으면 바로 시연 동작을 시작해야 한다.

시연할 때에는 에스프레소부터 제조하며, 만약 카푸치노부터 제조한다면 수험자는 카푸치노의 기본이 되는 에스프레소의 상태를 제대로 파악하지 못하고 제조를 하게 되기 때문에 문제가 있을 시 긴장하게 될 뿐만 아니라 평가부분에서도 불이익을 받을 수 있다.

이때 수험자는 잔 받침과 스푼을 먼저 세팅하여 카페 에스프레소 추출 후 바로 평가자에게 제공될 수 있도록 준비해야 한다.

잔 받침과 스푼을 세팅한다.

포타필터의 상태를 확인한다.

바스켓 안쪽 부분을 린넨으로 닦는다.

바스켓 외부의 물기를 린넨으로 닦는다.

전체 건조상태를 확인 후 정리한다.

그라인더에서 분쇄원두를 받는다.

적정량을 받고 작동을 멈춘다.

포타필터 상부에 있는 커피 미분을 정리한다.

템핑을 하기 전에 템퍼가 깨끗한지 확인한다.

템퍼를 이용해 최대한 수평으로 누르며, 수평이 잘 맞는지를 확인한다.

장착 전 물흘리기를 하여 예열한다.

부드럽게 장착하여 추출을 눌러준다.

에스프레소 추출을 확인한다.

수험자는 음료 제공이 서비스와 직결되는 부분이므로 평가자에게 제공 시 정중한 자세와 정감 있는 어조로 상냥하고 정확하게 멘트를 해 주어야 한다.

이에 평가자는 에스프레소가 담긴 데미타세 잔과 전체적인 추출량을 볼 수 있는 샷글라스를 보면서 맛과 향에 대한 전반적인 평가를 하게 된다. 그렇기 때문에 수험자도 평소 에스프레소의 평가 방법을 알고 있는 것이 좋은데, 자격시험을 볼 때 뿐만 아니라 평소에 자신의 커피 맛을 평가해 볼 수 있다는 점에서 유용하기 때문이다.

데미타세 잔부터 서빙한다.

평가자 앞으로 위치한다.

샷글라스로 서빙한다.

평가자 앞으로 위치한다.

카페 에스프레소 평가 기준

1 추출시간

에스프레소는 일반적으로 20~30초 정도의 추출시간 안에 추출되어야 맛과 향이 좋다고 평가된다. 수험자는 연습을 할 때 항상 추출시간을 측정하여 일정한 추출시간을 유지하기 위해 커피의 담는 양 및 템퍼로 압착시키는 힘의 정도를 표준화 하는 연습을 해두어야 한다.

2 추출량

에스프레소 추출량은 샷글라스의 눈금을 보고 확인할 수 있다. 반드시 수평으로 바라봐야 정확한 양을 알 수 있으며, 에스프레소 추출의 적정량은 25~35ml이다.

3 크레마의 색감과 모양

에스프레소의 특징인 크레마의 색감과 모양이 에스프레소 평가에 중요한 요소가 된다. 색감은 진한 갈색과 연한 갈색, 그리고 붉은 색깔이 조화롭게 나타나면 좋은 에스프레소 색감으로 평가된다. 수험자는 항상 추출 후 바로 색감을 평가하면서 좋은 색감이 느껴지는지 확인해야 한다.
다음은 모양인데 지나친 추출로 인해서 하얀 점이 많이 나타나거나 잘못된 추출에 의한 검은 기름점, 기름띠가 생기면 좋지 않은 것으로 평가한다. 수험자는 이에 유의하고 항상 정확한 추출을 하여 기준과 차이점이 생기지 않도록 노력해야 한다.

4 크레마의 지속력과 복원력

잔을 기울이면 에스프레소의 표면적이 커지고 이때 크레마의 상태가 좋다면 크레마는 같이 늘어나는데 이를 지속력이라 한다. 또한 기울였던 잔을 다시 본래의 위치로 되돌리면 크레마의 상태가 그대로 돌아오는데 이는 복원력이라 한다. 좋은 에스프레소의 크레마는 지속력과 복원력이 좋아야 한다.

잔을 기울였을 때의 지속력

원래 위치로 돌아오는 복원력

 5 크레마의 감촉과 에스프레소 커피의 전체적인 맛과 향

크레마와 에스프레소를 잘 섞이게 하기 위하여 스푼으로 몇 번 저어주고 마시면 크레마와 에스프레소 커피가 전체적으로 잘 섞인 맛과 향을 느낄 수 있다. 또한 크레마의 느낌인 감칠맛, 농도감이 혀와 입안에서 느껴지게 되는데, 이 느낌이 강하고 오래 남아 있을수록 좋은 점수를 받을 수 있다. 에스프레소의 맛과 향, 감촉에 대한 평가는 추출 후 빠른 시간 안에 이루어져야 정확하게 느낄 수 있으므로 수험자는 추출 후 평가자에게 신속하게 제공할 수 있도록 훈련해야 한다.

크레마와 에스프레소가 잘 섞이도록 함

맛과 향, 감촉에 대한 평가

2. 카푸치노 시연

에스프레소 제공 후 수험자는 자리에 돌아와서 다음으로 제공될 카푸치노를 제조할 준비를 한다.

잔 받침과 스푼을 세팅한다.

우유 양을 확인한다.

※ 시험장에서는 계량컵을 사용하지 않는다. 두 번째 사진은 적당한 우유의 양을 알기 쉽도록 보여 주기 위함이며, 시험장에서는 스팀피처에 직접 우유를 따라야 한다. 우유를 피처 안에 있는 홈 부분 밑 0.5cm 정도까지 부어주면 적당한 양인 약 250~300ml 정도가 된다.

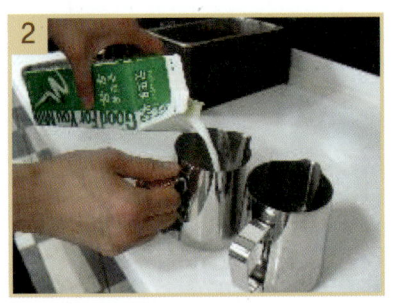
스팀피처에 우유를 채운다.

적정한 우유양을 확인한다.

모든 음료는 잔과 잔받침, 그리고 스푼까지 함께 제공해야 하므로 시연 전에 반드시 잔받침과 스푼을 세팅해두고, 카푸치노는 스팀우유도 제조되어야 하므로 미리 스팀피처 안에 우유를 받아 놓고 에스프레소를 추출하는 것이 좋다.

에스프레소 추출 전까지의 동작은 에스프레소 시연과 동일하기 때문에 앞부분을 참고하길 바란다.

지금부터는 밀크 스티밍과 이를 이용하여 카푸치노를 제조하는 방법을 설명한다.

카푸치노 잔에 에스프레소를 추출한다.

스티밍 전 스팀을 분출한다.

우유에 스팀 노즐을 담고 스티밍을 시작한다. 스티밍을 하여 공기를 주입한다.

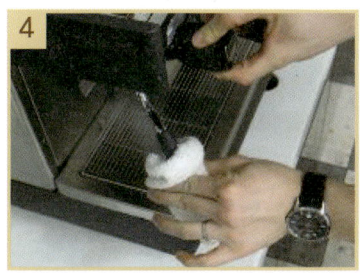

스티밍을 하여 공기를 주입하고 스팀 완료 후에도 스팀을 분출한다.

우유가 굳지 않도록 흔들어 준다.

우유를 두 개의 피처에 같은 양으로 나누어 준다.

분배 후 두 피처의 양을 확인 후 우유액과 거품이 잘 섞이도록 흔들어 준다.

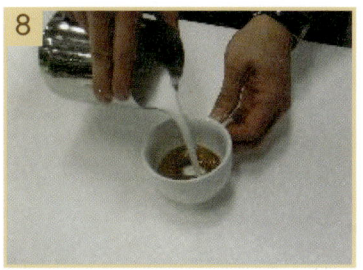

에스프레소에 우유를 붓는다.

적정한 양이 되었을 때 피처를 아래로 내려 거품을 띄운다.

모양을 그려 마무리 해준다.

카푸치노 제조 후 바로 서빙한다.

한잔씩 조심스럽게 제공한다.

평가자 앞에 위치한다.

다른 잔까지 제공한다.

　카푸치노의 평가에서 모양의 아름다움은 중요하지 않다. 하얀 모양의 우유 거품을 잘 떠오르게 하여 정확한 가운데 위치와 모양의 선명도가 중요하다.
　카푸치노를 제조 후 평가자에게 신속히 제공을 해서 정확한 맛과 향을 평가할 수 있도록 한다. (카페 에스프레소와 동일한 방법)

 **TIP**

　자격시험 시 에스프레소와 동일하게 카푸치노 시연의 경우에도 평가자의 평가요소를 미리 알고 준비해 두면 좋다.

카페 카푸치노 평가 기준

1. 모양의 위치와 선명도

카푸치노의 표면에 보이는 거품의 모양과 색의 선명도는 스티밍의 정교함과 에스프레소 커피와 우유의 혼합을 어떻게 하느냐에 따라 결과가 달라진다.
가장 좋은 상태는 거품이 선명해야 하며 정가운데 위치해야 한다는 점이다. 따라서 수험자는 고운 스팀우유의 제조와 적정한 에스프레소와 우유의 혼합 방법을 미리 연습해야 한다.

2. 우유거품의 고운 정도

밀크 스티밍에서 거품을 곱게 만들고, 거품과 우유액을 잘 혼합시켜 고운 스팀우유를 만들어 내면 평가자에게 좋은 점수를 받을 수 있다. 3장에서 학습한 우유스팀 방법을 참조해서 연습하면 된다.

3. 우유의 점성과 혼합

우유거품의 상태를 평가하는 방법으로는 카푸치노 스푼의 뒷면으로 카푸치노 커피의 표면을 밀어내면서 우유의 점성과 혼합된 상태를 본다.
표면의 거품을 밀어낼 때 우유의 점성이 좋으면 복원력이 강하게 느껴지며 눈으로 보기에도 잘 혼합된 느낌이 든다. 또한 거품을 밀어낸 상태에서 표면 안쪽으로 보이는 거품의 상태도 체크하는데, 크림처럼 고운 느낌이 들면 잘 만들어진 카푸치노라고 할 수 있다.

스푼의 뒷면으로 표면을 밀어낸다.

밀어낸 후 크림의 복원력과 혼합된 정도를 본다.

4. 맛의 조화와 우유의 부드러움

우유거품을 밀어낸 상태에서 밀어내지 않은 부분으로 맛을 본다. 카푸치노를 한 모금 입안에 머금고, 우유의 부드러움과 커피와의 맛의 조화로움 등을 평가한다. 맛은 한 부분이 너무 강하지 않으면서 전체적으로 부드러움이 느껴져야 좋은 평가를 받을 수 있다.

추출 후 정리 동작

카푸치노를 제공한 수험자에게는 정리시간이 주어지는데 이때 정리작업을 시작한다. 앞에서 설명한 준비동작에서의 마무리 정리작업보다 좀 더 정교하고 세밀하게 정리하여 완벽한 정리를 할 수 있도록 한다.

시연 후 최종 정리동작을 정리하면 다음과 같다.

동작 1   시연 때 사용한 스팀피처, 우유, 여분의 잔 받침, 스푼, 행주 등을 한 곳에 정리한다.

동작 2   추출하고 난 후 포타필터 안의 커피 찌꺼기를 버리고 포타필터를 추출물로 씻어낸 후 깨끗하게 하여 다시 기계에 장착한다.

동작 3   밀크 스티밍 후 스팀을 한 번 더 배출하고 스팀봉과 스팀 노즐을 깨끗이 닦는다.

동작 4   그라인더 안의 추출하고 남은 커피가루를 배출하여 버린다.

동작 5   그라인더 상부부터 하부까지 청소솔을 이용하여 깨끗하게 세심히 정리한다.

동작 6   그라인더와 기계 주변의 커피 가루를 깨끗이 정리한다.

동작 7   에스프레소 머신 전체를 닦아준다.

동작 8   미처 정리하지 못한 부분이 있는지를 재확인한다.

memo

coffee and Barista

Coffee and Barista

Con Panna

② 카페 에스프레소 콘파나

- HOT 에스프레소 콘파나(70ml)
  에스프레소 30ml, 크림
- ICE 에스프레소 콘파나(150ml)
  에스프레소 60ml, 얼음, 크림

 조리 방법

　에스프레소 커피를 추출한 후 데미타세 잔 안에 가공한 생크림을 올린다. 굳이 생크림이 아니라도 좋으나, 어느 정도 당도가 느껴지는 크림을 넣는 것이 좋다.
　중요한 점은 에스프레소와 크림의 조화로운 맛을 위해, 에스프레소의 비율과 크림의 비율을 1:1 정도로 맞추어 주어야 한다.
　에스프레소를 추출하기 전에 크림을 준비하는데 동물성 크림이 좀 더 맛과 향이 좋으며, 시럽이나 소스, 깔루아, 베일리스와 같은 리큐르를 첨가해 주는 것도 좋다.

Part 3 창업대비 카페 메뉴 실무

크림 만드는 과정

1. 재료와 기물을 준비한다.

2. 크림을 준비한다.

3. 시럽을 준비한다.

4. 크림과 시럽을 20:1 비율로 넣는다.

5. 리큐르를 준비한다.(10~30ml 정도)

6. 크림에 넣고 잘 섞어준다.

7. 크림을 휘핑한다.

8. 전체적으로 고르게 잘 정리되면 마무리한다.

TIP

잘 만들어진 크림은 맛과 향이 좋다. 크림을 만들 때는 크림이 너무 무른 느낌이 들지 않을 때까지 저어 주고 크림의 점성이 충분히 강한지 확인해야 한다.

에스프레소 만드는 과정

크림이 준비되면 에스프레소 30ml를 추출한다.

에스프레소 커피 1oz를 추출한다. 눈에 잘 보일 수 있도록 샷 글라스와 같이 추출한다.

여기에 준비한 크림을 넣는다.

에스프레소를 추출한 후 크레마가 대부분 소멸하기 전 빠른 시간 안에 크림을 넣는 것이 중요하다.

카페 에스프레소 콘파나를 완성한다.

TIP

크림을 에스프레소 잔에 넣을 때는 크림이 약간 높은 위치에서 뚝 떨어진다는 느낌으로 부어주는 것이 예쁜 모양을 내는 데 좋다.

Con Panna

＊ 콘파나 응용메뉴

위의 에스프레소 콘파나에 여러 가지 재료를 첨가하여 다양한 베리에이션 콘파나를 만들 수 있다.

❶ 시나몬 콘파나

에스프레소 콘파나에서 시나몬 향을 첨가하면 시나몬 콘파나가 된다. 에스프레소 콘파나에 시나몬의 색상이 잘 어울릴 뿐 아니라 시나몬의 달콤 쌉싸름한 향이 콘파나의 맛을 더 좋게 한다.

☞ HOT 에스프레소 콘파나(70ml)
　에스프레소 콘파나, 시나몬 파우더
☞ ICE 에스프레소 콘파나(150ml)
　ICE 에스프레소 콘파나, 시나몬 파우더

❷ 초코 콘파나

커피의 달콤한 맛을 강조하며, 직접 분쇄한 초콜릿을 에스프레소 콘파나 위에 토핑해 주거나, 토핑 파우더 또는 커피 제조 시 초코소스를 첨가하여 제조한다.

☞ HOT 에스프레소 콘파나(70ml)
　에스프레소 콘파나, 분쇄된 초콜릿
☞ ICE 에스프레소 콘파나(150ml)
　ICE 에스프레소 콘파나, 분쇄된 초콜릿

Mochaccino ⑤ 모카치노

☞ HOT 모카치노(150~200ml)
　초콜릿 10g, 초코파우더 20g, 에스프레소 30ml, 스팀우유

☞ ICE 모카라떼(200~250ml)
　초콜릿 20g, 초코소스 40g, 에스프레소 60ml + 얼음, 차가운 우유

 조리 방법

　카푸치노에 초콜릿을 첨가하면 모카치노가 된다. "모카"는 초코의 의미뿐만 아니라 커피라는 의미로도 해석되기 때문에 통상적으로 "커피 혹은 초코"라는 의미로 알고 있으면 된다. 모카치노는 카푸치노와 느낌은 비슷하지만 만드는 순서가 다르며 초콜릿의 맛과 향이 강조가 되어야 모카치노의 맛을 제대로 느낄 수 있다.

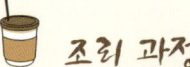 조리 과정

잔에 초콜릿을 넣는다.

그 위에 초코파우더를 첨가한다.

에스프레소 30ml를 넣는다.

잘 혼합시켜 준다.

우유와 우유거품을 잘 주입시킨다.

모양을 내 마무리한다.

Cafe mocha

⑥ 카페모카

☞ HOT 카페모카(200~250ml)
  에스프레소 30ml, 초코소스 30ml,
  스팀우유
☞ ICE 카페모카(250~300ml)
  에스프레소 60ml, 초코소스 60ml,
  얼음, 차가운 우유

 조리 방법

    카페모카는 잘 추출된 에스프레소 커피에 곱게 스티밍된 우유, 그리고 초코 시럽 혹은 소스, 파우더 같은 초코향이 나는 재료를 섞어주면 된다. 카페모카는 커피전문점마다 다양한 방법으로 제조되고 있으며, 크림이나 아이스크림을 첨가하여 더 다양한 카페모카를 만들 수도 있다. 중요한 점은 반드시 초콜릿 향이 첨가되어야 한다는 것이다.

조리 과정

먼저 잔에 초코소스를 넣는다.

에스프레소 커피를 넣어준다.

초코소스와 에스프레소를 잘 섞어준다.

스티밍된 우유를 잘 부어준다.

가능하면 예쁜 모양을 내 마무리한다.

카페모카를 완성한다.

카페모카 제조 시 참고사항

카페모카 제조 시에 초코소스을 넣는 순서가 중요한데, 초코소스은 에스프레소를 추출하기 전 잔에 미리 넣어주는 것이 좋다. 이유는 잔에 미리 넣어서 양을 가늠할 수도 있을 뿐만 아니라, 나중에 뜨거운 에스프레소를 넣으면 혼합이 잘 되어 좀 더 조화로운 맛을 느낄 수 있기 때문이다.
또한 카페모카도 다양한 향이나 크림을 첨가하여 응용할 수 있다. 어떻게 보면, 위에서 만든 "카페모카"를 "초콜릿 라떼"라 명할 수도 있는 것이다. 커피 메뉴 레시피가 너무나 다양해지고, 중복되는 부분도 많기 때문에 조리 방법만으로는 종류를 구분짓기 어려운 경우도 있다.

Eins panner,

⑦ 아인슈페너

☞ HOT 아인슈페너(150~200ml)
뜨거운 물(90℃ 이상으로 잔의 70%를 채울 정도), 에스프레소 30ml, 크림 30ml

 조리 방법

"한 마리 말이 이끄는 마차"의 뜻에서 유래된 이 커피는 추운 겨울이 긴 오스트리아에서 즐겨 마시는 커피로 크림이 듬뿍 올라간 뜨거운 커피이다. 아마도 주인이 올 때까지 뜨거운 커피로 추위를 달래는 마부의 마음이 담겨져 있는 커피가 아닐까 생각한다.

조리 과정

1. 에스프레소 커피, 뜨거운 물, 잔을 준비한다.

2. 잔에 뜨거운 물 70% 정도를 채운다.

3. 잔에 에스프레소 커피를 채운다.

4. 물에 희석된 에스프레소 커피를 만든다.

5. ④번 위에 크림을 얹어준다.

6. 크림은 되도록 커피와 섞이지 않게 넣어주고 완성한다.

아인슈페너 제조 시 참고사항

위의 조리과정 1~4번까지 제조된 커피를 우리는 아메리카노라고 부른다. 아메리카노는 "미국인, 미국인들의"라는 뜻의 이탈리아어로, 홍차의 맛을 즐기는 미국인들이 에스프레소 커피를 최대한 에스프레소 커피와 비슷한 맛으로 즐기기 위해 물에 타 연하게 마시게 되어 유래되었다고 한다. 따라서 에스프레소 커피와 물의 비율에 따라 진해지거나 연한 느낌의 아메리카노가 된다.

물론 아인슈페너 커피는 굳이 아메리카노처럼 연한 에스프레소 커피가 아니어도 상관없다. 메뉴로 제조하여 판매하고 싶다면 좀 더 빠른 시간 안에 제조되는 아메리카노를 이용하여 만들어도 되고, 혹은 핸드드립 커피나 모카포트, 프렌치프레소로 제조하여도 상관없다. 현재는 핸드드립이나 에스프레소를 이용하여 많이 제조하고 있다.

아인슈페너 커피의 특징은 뜨거운 커피와 차가운 크림의 조화인데, 이 커피를 마시는 방법은 '크림을 먼저 먹고 난 후 커피를 마시는 방법'과 '크림과 커피를 같이 마시는 방법'이 있다. 또한 크림의 달콤함을 느끼기 위해 캐러멜 향이나 시나몬 혹은 여러 가지 다른 향을 첨가해서 즐길 수도 있다.

캐러멜 토핑이 첨가된 아인슈페너

Kaffe' Cioccolata

⑧ 카페 치오콜레타

☞ HOT 치오콜레타(150~200ml)
  에스프레소 30ml, 분쇄 초콜릿 30g,
  뜨거운 물(90℃ 이상)

 조리 방법

　"초콜릿"의 의미로 핸드 드립 커피 혹은 아메리카노 커피에 초콜릿의 달콤함을 느낄 수 있도록 초콜릿을 첨가한 커피이다.

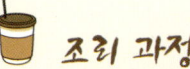 조리 과정

1. 에스프레소 커피를 준비한다.

2. ①에 분쇄된 초콜릿을 넣어준다.

3. 초콜릿이 녹을 때까지 섞어준다.

4. 섞는 과정에서 에스프레소의 크레마가 없어지지 않게 주의한다.

5. 뜨거운 물을 부어 적당히 잔을 채운다.

6. 카페 치오콜레타를 완성한다.

Caffe torino

⑨ 카페 토리노

☞ HOT 카페 토리노(150~200ml)
에스프레소 30ml, 초코시럽 30ml, 스팀우유, 우유거품, 분쇄된 초코

 조리 방법

    이탈리아 북부 지역의 토리노에서 처음 만들어진 커피로 모카치노와 마찬가지로 초콜릿이 첨가되지만 카페 토리노는 커피 위에 분쇄된 초콜릿을 올려 같이 마신다는 특징이 있다.

조리 과정

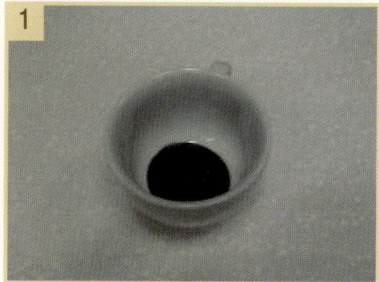

잔에 초코시럽을 넣는다.

①에 에스프레소 커피를 넣어준다.

커피를 넣을 때 크레마가 없어지지 않게 주의하면서 넣는다.

초코시럽과 커피가 잘 혼합되도록 저어 준다.

거품을 제외하고 스티밍된 우유액을 먼저 넣어준다. 사진처럼 스푼을 이용하면 거품을 제외하고 우유액만 먼저 넣어 전체적으로 잘 혼합된 맛을 느낄 수 있다.

잘 혼합되도록 저어준다.

스팀피처를 기울여 거품을 조금씩 넣어 준다.

거품이 가운데 떠오르도록 잘 부어준다.

스푼을 이용하여 거품으로 마무리한다.

거품을 잘 띄워 놓는다.

분쇄된 초콜릿을 이용하여 토핑해 준다.

주변으로 토핑하여 마무리한다.

카페 토리노 만들 때 주의할 점

카페 토리노를 만들 때 주의할 점은 거품을 잘 분배하여 풍성한 카푸치노의 모양을 형성해 주는 것이다. 카페 토리노는 분쇄된 초콜릿을 잔 상부 주변에 올려, 초콜릿과 커피를 함께 마실 수 있어 달콤한 초콜릿의 맛과 향을 느낄 수 있다. 또한 잔을 흔들어 초콜릿을 녹게 하면 부드러운 맛과 마시는 재미도 더할 수 있을 것이다.

Ice Coffee

⑪ 아이스커피

☞ 아이스커피(200~250ml)
분쇄된 얼음, 에스프레소 30ml, 물, 크림 또는 아이스크림

 조리 방법

    샤케라또가 조금 진하게 느껴진다면 물을 첨가하여 조금 연하게 마실 수 있는데, 분쇄된 얼음과 커피 그리고 취향에 따라 크림을 첨가하면 달콤하면서 부드러운 나만의 아이스커피를 만들 수 있다.

조리 과정

1. 잔에 분쇄된 얼음을 채운다.

2. 에스프레소를 넣는다.

3. 잔에 물을 적당량 넣어준다.

4. 아이스커피를 완성한다.

5. 취향에 따라 크림을 첨가한다(시럽을 첨가해도 된다).

6. 아이스크림도 첨가한다.

 **TIP**

아이스커피를 대표적으로 아이스 아메리카노라고도 하며, 아이스커피는 위에 크림, 아이스크림, 파우더를 추가하여 취향대로 다양하게 즐길 수 있다.

frappe

⑫ 프라페

☞ 프라페(250~350ml)
시럽 100ml, 우유 100ml, 에스프레소 60ml, 각얼음 7~8개, 토핑시럽 또는 크림

 조리 방법

　프라페의 사전적 의미는 얼음을 넣어 차게 한 음료인데, 국내에서는 믹서를 이용해 음료와 얼음을 혼합하여, 그 위에 다양한 시럽과 크림, 여러 가지 토핑을 첨가하여 먹는다.

　여기서는 가장 기본적인 의미의 프라페를 만들어 본다. 프라페를 만들 때 주의할 점은 프라페는 얼음이 혼합된 상태이므로 시간이 지나면 얼음이 녹아 음료가 연해져 밍밍한 맛이 나기 때문에 시럽을 좀 더 많이 첨가하여 강한 맛을 표현해 내는 것이 중요하다.

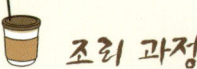 조리 과정

1. 우유를 믹서에 넣는다.

2. 설탕과 물을 1:1의 비율로 제조한 시럽을 넣는다.

3. 에스프레소를 넣는다.

4. 얼음을 넣는다.

5. 기계 위에 장착 후 혼합시킨다.

6. 잔에 넣어 완성한다.

TIP

취향에 따라 시럽이나 크림을 첨가한다.

chapter 2
에스프레소 기계 관리

스타벅스를 시작으로 국내에는 다양한 형태의 커피 전문점이 빠르게 늘어나기 시작했다. 이러한 커피 전문점의 증가로 사람들에게 에스프레소 및 에스프레소 베리에이션 커피가 보급되기 시작했지만 에스프레소와 다양한 메뉴의 커피를 만들기 위해서는 에스프레소 머신이 반드시 필요하다.

에스프레소 머신은 대부분이 외국제품이고, 기계의 가격 자체가 고가이기 때문에 기계 고장 없이 오랫동안 잘 쓰기 위해서 에스프레소 머신의 관리방법을 제대로 숙지하여 잘 관리해야 한다.

에스프레소 머신 관리를 잘하기 위해서는 기계의 내부와 외부를 깨끗하게 유지시켜 주면 된다. 기계의 몸체인 외관은 구석구석을 깨끗하게 닦아주면 되지만, 기계 내부는 신경을 써서 관리해야 한다. 에스프레소 머신 청소를 제대로 하기 위해서는 전문가가 기계를 분해해서 관리해야 한다. 하지만 대부분 비전문가인 커피 전문점 직원들은 위생적인 커피와 기계의 수명을 위해서라도 기본적인 기계관리 방법을 배워 외·내부를 깨끗하게 유지하도록 노력해야 한다.

지금부터 커피 기계의 주 관리 부분인 그룹헤드와 스팀뭉치 그리고 전용 그라인더의 청소 방법에 대해 설명하겠다.

추출그룹

에스프레소 머신을 정면에서 바라보면 스팀이 분사되는 스팀그룹이 있고, 에스프레소가 추출되는 추출그룹이 있다. 에스프레소 커피 추출을 위해 포타필터에 커피를 받아 장착하는 부분과 포타필터를 포함한 전체를 한 그룹이라 하며, 추출물이 나오는 부분이 그룹헤드이다.

그룹   그룹헤드와 샤워필터

그룹에 해당하는 그룹헤드와 샤워필터를 잘 관리해 주면, 1차적으로 발생하는 에스프레소 추출 불량 문제를 80% 이상 해결할 수 있다. 그 외에 커피 추출에 문제가 있다면 기계 내부의 결함문제이거나 정수 필터의 문제 등으로 추측해 볼 수 있다.

커피 추출그룹 청소 방법

추출그룹의 청소는 가급적이면 수시로 점검하여야 하고, 커피 추출을 완료하고 청소하는 것이 중요하다. 그러나 지속적으로 커피를 추출해야 하는 매장이라면 가장 바쁜 시간을 제외하고 어느 정도 시간적 여유가 생길 때마다 잊지 않고 에스프레소 머신을 확인하여 청소해 주어야 한다. 추출그룹의 청소는 가장 먼저 샤워필터를 깨끗하게 청소해야 하며, 샤워필터 주변에 끼어있는 커피 찌꺼기와 필터에 묻어있는 커피 찌꺼기를 제거해 준다.

청소 시 스팀행주를 이용하는데, 이때는 반드시 젖어있는 깨끗한 행주를 가지고 닦아 주어야 한다. 젖은 수건을 사용하는 이유는 그룹헤드를 좀 더 깨끗이 닦아 줄 수 있을 뿐만 아니라 고온에 의한 화상을 어느 정도 방지할 수 있기 때문이다. 그룹헤드 부분은 고온의 추출수가 나오므로 전체적으로 몸체가 뜨거울 수 밖에 없다. 고온의 그룹헤드 부분을 좀 더 안전하게 청소하기 위해서는 그룹헤드와 어느 정도 거리를 유지할 수 있는 청소전용 솔을 이용하는 것이 좋다.

솔을 이용한 청소

행주를 이용한 청소

청소전용 솔을 이용한 청소 방법은 포타필터를 분리한 후 스크린 필터와 그 주변을 눈으로 확인하면서 솔로 문지르듯 청소하면 되고, 스크린 표면이 깨끗해지는 지를 확인하면서 청소하는 것이 중요하다.

다음은 스크린 필터 안의 내관 청소를 해야 한다. 가장 확실하게 청소하기 위해서는 스크린 필터를 분해해서 청소를 해야 하지만, 이는 전문 교육을 받지 않은 비전문가가 하기에는 위험하다. 그래서 비전문가도 손쉽게 할 수 있는 "역류 세척" 방법을 소개한다.

역류 세척 방법

역류 세척 방법은 물이 흐르는 방향을 역으로 하여 보일러에서 추출그룹으로 흐르는 추출수의 방향을 바꾸어 물이 지속적으로 이동되게 하여 스크린 필터를 세척하는 방법이다.

포타필터에 있는 필터 바스켓 홈이 있는 부분을 분리하면 떨어지는데, 필터 바스켓을 분해하고 그 부분에 스크린 필터를 결합시키면 전체적으로 추출 홈이 막힌 상태로 결합된 포타필터가 된다. 이것을 이용하여 장착하고 결합한 후 추출을 하면 역류 세척이 진행되면서 추출그룹이 청소된다.

구멍이 막혀 있는 필터 준비

포타필터에서 홈 부분에 맞추어 분리

포타필터에서 바스켓 분리

스크린 필터를 결합

'탁'소리가 날 때까지 결합

그룹헤드에 포타필터 결합

장착시켜 결합 완료

추출 버튼을 누름

10~20초 후에 멈춤 버튼 누름

동작 후 남아 있는 찌꺼기 확인

깨끗해질 때까지 반복(5~9번)

TIP

⑨번 사진에서 추출 버튼을 누르고 적정시간 물 순환 시간을 둔 뒤(10~20초) 다시 멈춤 버튼을 누르면 한 사이클의 물 순환이 완료된다.

　가급적이면 물 순환을 여러 차례 반복하여 포타필터에 남아있는 물의 상태를 확인하고 전체적으로 투명하고 깨끗한 느낌이 들면 내관 청소를 마무리한다. 이는 물을 이용한 일시적인 내관 청소가 되겠으며 세제를 이용하면 좀 더 효과적인 청소를 할 수 있다.

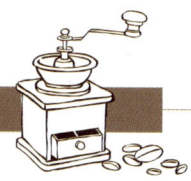

에스프레소 머신 전용 세제

에스프레소 머신 전용 세정제이다. 이 세정제를 사용하여 기계 내관에 끼어있는 커피 찌꺼기 및 불순물을 제거하면 된다. 사용 방법은 1티스푼 정도의 양을 스크린 필터로 결합된 포타필터에 넣어주고 위의 "역류세척" 방법처럼 몇 번을 반복하여 물이 깨끗해질 때까지 청소해 주면 된다.
유의할 점은 영업시간이나 기계를 사용하는 도중에 세정제로 청소를 하게 되면, 이후에 추출되는 커피 맛에 많은 영향을 미칠 뿐 아니라 건강에도 좋지 않을 수 있으므로 가급적 영업시간이 끝났거나, 한동안 머신을 사용하지 않을 시에 사용하는 것이 좋다.
그리고 세정제를 사용하고 나서 추출되는 첫 잔의 에스프레소 커피는 버리는 것이 원칙이다.

에스프레소 머신 전용 세정제

약품이 담겨있는 모습

약품 청소 후 모습

추출그룹 청소 시 유의사항

지금까지 에스프레소 머신의 추출그룹의 청소 방법에 대해서 알아 보았다. 하지만 이보다 중요한 것은 청소하는 시기를 정확하게 알고 자주 관리해 주는 것이다.

첫째, 역류 세척은 영업시간 도중 어느 정도 시간이 허용된다면 수시로 하는 것이 좋다.
둘째, 역류 세척 전에 먼저 그룹헤드에 있는 샤워필터를 청소용 솔이나 깨끗한 행주로 청소해 주는 것이 좋다.
셋째, 역류 세척 시에는 가급적 세척 가동시간을 지켜서 해 주는 것이 좋다. 지나치게 오랫동안 가동시켜 세척을 하면 기계에 무리가 갈 수 있고 반대로 10초 이내의 짧은 시간을 가동시키면 세척이 깨끗하게 되지 않는다.
넷째, 역류 세척 시 포타필터가 확실하게 장착될 수 있도록 정확하게 확인해야 한다. 제대로 장착되지 않으면 누수로 그룹헤드 안의 고무로 된 장착부분(게스킷)이 마모될 수 있기 때문이다.
다섯째, 세정제를 사용한 역류 세척은 영업 후 마감 시에 하고 어느 정도 시간이 흐른 후 기계를 사용하는 것이 좋다.
여섯째, 세정제로 세척한 후 처음 추출되는 에스프레소 커피는 버리고 사용한다.
일곱째, 세정제 세척은 매장의 특성에 따라 작업하는 시간이 다른데, 지나치게 자주 하지 않는 것이 좋다. 에스프레소 커피를 하루 100잔 이상 추출하는 매장은 하루에 한 번씩 하는 것이 좋고, 그 이하는 2~3일에 한 번씩 하는 것이 좋다.

위의 유의사항을 잘 숙지하여 에스프레소 머신을 관리하면 좀 더 좋은 에스프레소 커피를 추출할 수 있다.

스팀그룹(스팀뭉치)

추출그룹이 에스프레소를 추출하는 부분을 가리킨다면, 지금부터 설명할 스팀그룹은 밀크 스티밍을 할 경우에 사용하는 부분을 말한다. 스팀그룹의 구성은 기계 안으로 연결되어 있는 내관과 밖으로 돌출되어 있는 외관으로 이루어진다. 외관은 스팀의 전체적인 위치를 조절할 수 있는 스팀봉, 스팀이 분출되어 작용하는 분출구가 위치하고 있는 스팀노즐이 있다. 마찬가지로 스팀뭉치도 내·외관 청소를 잘 해야 하는데, 특히 우유와 직접적으로 접촉되는 부분인 스팀노즐의 청소를 가장 신경써서 해야 한다.

청소 방법

청소는 추출그룹 청소와 마찬가지로 내·외관을 실시하는데, 스팀피처와 깨끗한 상태의 젖은 행주가 필요하다.

사진처럼 스팀을 분사시켜 스팀봉과 스팀노즐을 적당한 온도로 예열한다. 후에 뜨거워진 스팀봉과 스팀노즐을 깨끗한 행주로 닦아주면 된다. 스팀봉과 스팀노즐은 어느 정도 예열이 된 상태에서 잘 닦이므로 반드시 예열을 해서 청소하는 습관을 들이는 것이 좋다.

스팀그룹의 예열동작

스팀봉 전체를 닦는 경우에는 손에 화상을 입지 않도록 주의해야 한다. 스팀그룹에서 스팀을 직접 분사해보면 스팀은 손으로 느끼기에 약간 뜨끈한 정도지만, 스팀그룹 외관은 실제 분사되는 스팀 온도보다 뜨겁기 때문에 자칫 방심하면 화상을 입을 수 있으므로 주의한다.

스팀노즐의 청소

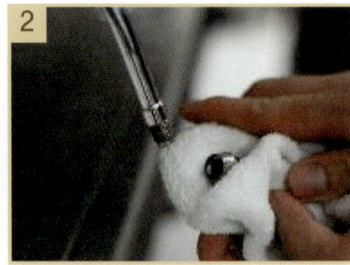
스팀노즐의 분해 후 모습

약품에 희석된 청소용액

스팀노즐을 청소용액에 넣는 모습

스팀봉의 청소 모습

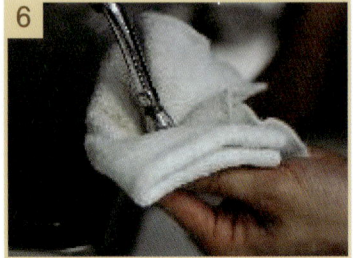
스팀노즐의 재결합 후 마무리 동작

    스팀그룹에서도 외관을 청소할 때 가장 신경을 써야 하는 부분이 스팀노즐이다. 직접 스팀이 분사되는 스팀노즐의 홈을 강한 힘으로 닦아주면 깨끗하게 닦을 수 있다. 가능하다면 노즐을 스팀봉에서 분해하여 약품으로 청소해 주는 것이 좋은데, 약품 청소 후에는 최대한 스팀을 방출시킨 후 사용한다.

    이렇게 외관청소가 끝나면 내관 청소를 해야 한다. 내관을 깨끗하게 청소하는 것도 매우 중요한데, 만약 제대로 청소를 해주지 않으면 내관에 남아 있는 우유와 기타 잔여물이 밀크 스티밍 중 섞여 나와 고객에게 좋지 않은 상태의 커피를 제공할 수 있다. 청소 방법은 의외로 간단한데, 추출그룹 내관처럼 역류 세척을 하면 된다. 이는 온도차에 의한 물의 이동을 이용하여 내관을 청소하게 되는 원리를 이용한다.
    먼저 내관에 남아 있는 이물질을 1차적으로 제거하기 위해 스팀피처에 깨끗한 물을 담고 스팀을 충분히 시행한다.

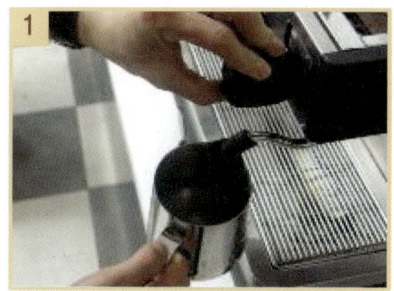

1. 스팀피처에 스팀노즐을 담근다.

2. 스팀을 과하게 시행하여 거품을 일으킨다.

3. 여러 번 반복하여 충분히 배출시킨다.

4. 동작 후 스팀그룹만 스팀을 배출시킨다.

위의 동작으로 1차적으로 내관의 찌꺼기가 제거되었으며 다음은 역류 세척을 한다.

역류 세척 방법은 간단한데, 먼저 스팀그룹 전체를 충분히 예열시킨 후 스팀피처에 깨끗한 물을 준비하여 스팀봉과 노즐이 충분히 잠길 때까지 담가 놓는다.

1. 스팀그룹의 예열 후 스팀피처를 준비한다.

2. 스팀피처에 스팀노즐을 충분히 담가준다.

잘 고정시켜 위치시킨다.

충분한 시간을 두어 담가둔다.

사진처럼 스팀그룹이 충분히 데워진 내관으로 물이 들어가 내관이 세척되도록 물에 충분히 잠긴 상태에서 30분 이상 담가둔다.

스팀그룹 청소 시 유의사항

에스프레소 머신을 관리하는 사람은 스팀그룹의 관리에 좀 더 신경 써야 하는데, 이유는 우유는 유제품으로 온도에 민감한 제품이고 스팀노즐이나 스팀봉, 혹은 내관에 조금이라도 우유 찌꺼기가 남게 되면 남은 우유의 급격한 상태 변화로 먹기에 위험할 뿐만 아니라, 우유가 기계에 흡착되어 기계의 수명에 영향을 미치기 때문이다.

반드시 기계 사용 전후로 청결 상태를 확인하고, 수시로 내관 청소를 해주어 기계를 깨끗한 상태로 유지할 수 있도록 관리해 주어야 한다.

사용 전후 스팀 분사 후 청소(항시)

내관 역류세척(마감 시)

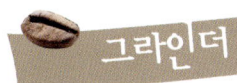
그라인더

그라인더는 커피의 맛과 에스프레소 커피의 특성에 영향을 미치는 중요한 부분이므로, 제대로 관리하지 않으면 원두의 분쇄가 일정하게 이루어지지 않아 맛과 향이 일정한 에스프레소 추출이 어려워진다. 또한 잘 관리되지 못한 그라인더일 경우 그라인더에 남아 있는 잡미에 의해 커피 맛과 향 그리고 크레마 상태가 좋지 않을 수 있다. 물론 좋은 에스프레소 커피를 추출하기 위해서는 에스프레소 머신의 성능이 중요하지만, 그라인더의 성능 또한 무시할 수 없다.

그라인더 성능을 평가하는 핵심은 일정한 분쇄도, 전동밀의 열에 의한 손실 최소화, 원두의 일정화가 중요하다. 이런 부분을 중점적으로 그라인더를 관리해야 하며 청결하게 기계를 관리하는 것 또한 중요하다.

일정한 분쇄도(그라인더 날 관리)

일정한 분쇄도를 위해서는 그라인더의 날 관리를 잘 해줘야 한다. 한 번씩 날을 분해하여 청결 상태와 날의 상태를 잘 확인해야 하며 날의 상태가 좋지 못하면 직접 분해하거나, 그라인더 회사에 문의하여 날을 새것으로 교체해 주어야 한다.

또한 원두의 상태도 확인할 필요가 있는데, 원두가 너무 딱딱하여 그라인더의 분쇄에 영향을 미친다면 이 원두는 사용하지 않기를 바란다. 이런 원두는 제대로 로스팅이 되지 않은 원두로 그라인더 날에 무리를 주어 원활한 분쇄가 이루어지지 못하게 한다.

그리고 어느 정도 분쇄가 이루어진 원두를 절약의 의미로 다시 그라인더에 투입하면 그라인더 날의 마모 원인이 되고 결국 그라인더의 작동 불량으로 이어질 수 있기 때문에 가능하면 사용하지 않는 것이 좋다.

위의 사항들을 잘 고려하여 그라인더 날, 그라인더의 일정한 분쇄도에 신경을 써야 한다.

열에 의한 손실 최소화

그라인더 동작에 의한 사항인데, 그라인더 동작이 원활하게 작용하지 않으면 자체에서 과부하가 작용하고 이는 많은 열을 발생시켜 원두의 맛에도 영향을 미치게 된다. 커피는 열에 매우 쉽게 반응하는 식품이므로, 당연히 분쇄가 이루어지는 그라인더 안에서 과도한 열이 발생하면 분쇄되는 원두가 영향을 받아 원두의 성질이 변화될 수 있다. 그라인더가 과부하되는 원인은 제대로 로스팅이 되지 않은 원두가 투입되거나, 이물질이 들어갔을 때 혹은 메인 모터의 자체 과부하 등이 있다. 만약 그라인더를 만져 보았을 때 지나치게 많은 열이 발생한다면 위의 사항을 의심하고 그라인더를 수리 및 교체하기 바란다.

원두의 일정화

그라인더에 항상 일정한 양의 원두를 넣는다는 것은 그라인더를 관리하기 위해서 매우 중요하지만 실제로 지키기는 매우 어렵다. 항상 같은 생두와 일정한 블렌딩, 로스팅, 보관의 조건이 충족되어야 하기 때문이다.

100% 동일한 종류의 원두는 아니더라도 50%는 위의 조건을 충족시키기 위해서 적어도 같은 회사의 같은 제품 혹은 같은 종류의 생두로 로스팅된 원두만 한 그라인더에 사용하기를 바란다.

이는 원두가 자꾸 바뀌면 전에 있던 원두의 향이 그라인더에 남아 있어, 다음 원두를 분쇄할 시에 이전 원두의 향과 섞이기 때문이다. 그렇기 때문에 여러 종류의 원두를 한 그라인더로 분쇄하면 향이 섞이므로 원하는 원두의 향을 추출할 수 없게 된다.

이를 방지하기 위하여 같은 종류의 원두를 사용하길 권장하고 굳이 다른 원두도 사용해야 한다면 새로운 그라인더를 하나 더 구입하여 사용하는 것을 추천한다.

예를 들자면 에스프레소나 아메리카노와 같이 물만 혼합되는 커피 전용 그라인더와 카푸치노, 카페라떼같이 우유가 혼합되는 커피 전용 그라인더를 나눠 사용하는 것이다.

chapter 3
핸드 드립 커피(Hand Drip Coffee)

핸드 드립 추출 방법은 현재 커피 전문점뿐만 아니라 가정에서 제조해 마시는 커피 추출의 대표적인 방법 중 하나로 누구나 장소에 관계 없이 손쉽게 맛있는 커피를 즐길 수 있는 커피 추출방법이다.

핸드 드립은 일본식 영어 표현으로, 다른 이름으로는 여과(濾過)식 추출법이라 하며, 핸드 드립 추출 방법은 커피가루를 여과지 위에 놓고 위에서 물을 부어 나온 추출물을 마시는 방식이다.

다양한 여과지, 드립퍼, 드립서버

핸드 드립 커피의 특징은 커피를 추출하는 사람에 따라 맛과 향의 표현이 달라진다는 점과 고가의 기계나 특별한 기구 없이, 우리 가정에서 볼 수 있는 주전자, 여과지, 드립퍼 같은 도구로 충분히 맛있는 핸드 드립 커피를 즐길 수 있다는 것이다. 사진은 핸드 드립 추출에 필요한 도구들이다.

핸드 드립 기구

드리퍼의 종류

사진은 드리퍼인데, 추출구멍의 크기와 개수, 커피의 추출 흐름을 제어하는 리브(Rib)라는 빗살의 개수와 형태에 따라 구분한다.

드리퍼의 종류

❶ 메리타 드리퍼

메리타 드리퍼는 드리퍼들 중 가장 처음 만들어졌으며, 추출구가 하나로 크기가 작으며 밑면의 가운데에 위치하고 있다. 리브는 전체적으로 촘촘히 자리 잡고 있고 길이는 드리퍼의 끝까지 나와 있는 모양을 형성하고 있다.

메리타 드리퍼는 핸드 드립 시 추출구가 하나인 만큼 물이 오랜 시간 커피에 머무르는 특징이 있기 때문에 좀 더 진한 맛의 드립 커피를 즐길 수 있다.

❷ 칼리타 드리퍼

추출구가 메리타와 달리 3개이며, 리브는 상대적으로 촘촘하진 않지만 전체적으로 균일하게 배치되어 있다. 또한 리브가 드리퍼의 상부 끝까지 나와 있지 않은 차이점이 있다. 드리퍼의 모양과 추출구, 리브가 커피의 안정적인 추출을 가능하게 해 누구나 쉽게 사용할 수 있다는 장점이 있고, 메리타보다 상대적으로 추출구가 많으므로 커피가 좀 더 빨리 추

출되며, 추출된 커피의 맛이 부드럽고 가볍다는 것이 특징이다.

이런 특징으로 칼리타 드립퍼는 일반적으로 가장 많이 사용되고 가장 대중화된 드립퍼이다. 특히 칼리타 드립퍼로 추출된 커피는 부드럽고 가벼운 맛 때문에 여성 고객들이 가장 많이 선호하는 경향이 있다.

❸ 고노 드립퍼

고노 드립퍼는 위에서 소개한 드립퍼들과는 조금 다른 모양인데, 위의 드립퍼들보다 좀 더 크고 넓은 추출구가 가운데 있으며 전체 모양은 원뿔형이다. 리브는 널찍하고 길이가 짧으며 칼리타 드립퍼와 함께 가장 많이 사용되는 드립퍼이다.

고노 드립퍼의 특징은 리브와 추출구에 의해 거친 느낌의 커피맛이 표현된다는 것인데, 커피의 부드러움보다 커피 본연의 깊은 향과 진한 맛을 느끼고 싶다면 이 드립퍼를 이용하는 것이 좋다.

❹ 하리오 드립퍼

고노 드립퍼와 형태는 비슷하나, 리브의 모양이 전체적으로 꽉 차있으면서 회오리 모양으로 형성되어 있다. 고노 드립퍼 보다 빠른 추출이 가능하며, 맛이 좀 더 부드럽다는 특징이 있다.

❺ 세라믹 칼리타 드립퍼

도자기 즉 세라믹 재질의 드립퍼는 가격이 다른 드립퍼보다 비싸고 주의해서 보관해야 한다는 단점이 있지만, 열에 의한 형태의 변화가 없으며 보온성이 좋다는 장점을 가지고 있다.

❻ 융 드립

드립퍼를 이용하지 않고 융을 이용하여 바로 커피를 추출하는 방식이다. 융 드립은 여과지를 사용하지 않기 때문에 융의 특징에 의해 커피가 가지고 있는 본래의 느낌을 가장 잘 느낄 수 있는 드립 방법이다. 좀 더 거칠면서 바디감이 강한 커피 맛을 느낄 수 있는 특징이 있다.

드립퍼의 특징

드립퍼는 재질에 따라서도 특징이 다른데, 플라스틱 재질은 가볍고 보관이 간편한 장점이 있지만, 열에 의해 드립퍼의 형태가 조금씩 달라지고 보온성이 떨어진다는 단점도 있다.

여과지의 종류

여과지는 드립퍼의 종류와 재질에 따라 사용하는 종류가 달라진다. 아래 ①번 사진과 같이 메리타와 칼리타 드립퍼는 전체적인 형태가 사다리꼴 모양으로 이에 맞는 여과지를 사용하면 되고, ②번 사진 같이 고노와 하리오 드립퍼는 전체적으로 원뿔형 모양이므로 이에 맞는 여과지를 선택하여 사용하면 된다.

메리타·칼리타 드립퍼의 적용 여과지

고노·하리오 드립퍼의 적용 여과지

여과지는 재질에 따라서도 구분되기도 하는데, 표백제를 사용하여 전체적으로 하얗게 가공된 드립 여과지와 천연펄프 그대로 사용한 드립 여과지, 마지막으로 융을 이용한 융 드립에 사용되는 융이 있다.

표백된 여과지는 커피 맛이 다른 여과지보다 좀 더 깔끔하게 느껴지며, 천연 펄프 여과지는 좀 더 거친 커피 맛이 느껴지는 특징이 있다.

융을 사용할 때는 앞서 언급한 것처럼 커피가 가지고 있는 거칠고 깊은 맛을 좀 더 잘 표현한다는 장점이 있지만, 일회용이 아니라 관리를 잘 해야 한다는 단점이 있다. 융은 커피 드립 전후 항상 깨끗이 삶고 물에 담가 밀봉상태에서 냉장보관을 하는 것이 가장 좋으며, 이때 밀봉을 하는 이유는 냉장고의 좋지 못한 냄새가 융에 배는 것을 방지하기 위해서이다.

드립 포트

드립퍼와 여과지 외에 물을 보관하고 드립 시 물을 조절하는 드립 포트의 기능은 매우 중요하다. 일반적으로 스테인리스 드립 포트를 많이 사용하는데, 스테인리스 드립 포트는 변형이 거의 없으며 어느 정도 보온성이 있고, 무엇보다도 가격이 비교적 저가라서 많이 사용하고 있다.

반면 동재질의 드립 포트는 모양이나 색상 자체가 고급스러우며 보온성도 뛰어나지만 모양의 변형이 쉽고 가격이 고가라는 단점이 있다.

드립 포트는 무조건 고가의 포트를 사용하는 것보다 자기가 가장 사용하기 편한 것을 선택하는 것이 좋으며, 물의 주입 부분이 전체적으로 길고 몸체에서 처음 주입구가 나오는 부분이 아래쪽에 있어 물의 조절이 용이하게 되어 있는 것이 사용이 편리하다.

스테인리스 드립 포트

동재질의 드립 포트

드립 서버

사진과 같이 드립 서버는 핸드 드립 시 추출물이 생성되어 저장되는 곳으로 추출량을 확인할 수 있다. 추출물의 상태와 전체적인 양을 확인하기 위해 반드시 투명해야 하며 내열성을 갖춘 유리재질로 만들어져야 한다. 또한 추출량을 확인하기 위해서 눈금이 표시된 것이 좋다.

핸드 드립 전용 원두

핸드 드립 전용 원두는 일반 에스프레소 원두와는 달리 복합적인 맛보다 한 가지 정확한 맛과 향을 위해 한 종류의 원두를 사용하는 것을 추천한다. 로스팅도 너무 오랫동안 작업된 것보다는 약 2단계는 낮추어 로스팅된 원두를 사용하는 것이 커피 고유의 부드러운 맛과 향을 즐기는 데 좋다.

드립 서버

핸드 드립 전용 원두

핸드 드립 커피 제조 전 준비 사항

도구 예열

핸드 드립 추출을 시작하기 전에 도구들을 전체적으로 예열시키는 작업이 필요한데, 이유는 드립 커피의 추출 온도를 높이고, 추출 시 일정한 온도를 유지하여 커피 맛의 변화를 방지하기 위해서이다. 뿐만 아니라 잔을 예열하여 커피를 마시면 따뜻한 잔의 느낌이 입술과 입 안으로 먼저 전해져 좀 더 따뜻한 느낌을 느낄 수 있기 때문이다.

아래 사진에 보이는 드립퍼, 드립 서버, 잔에 뜨거운 물을 넣어 예열작업을 한다.

예열하는 방법

뜨거운 물을 드립 포트에 받는다.

서버에 물을 넣어 예열한다.

적정한 온도를 맞춘다.

온도를 직접 확인한다.

만약 드립 서버와 드립 포트의 온도가 일정하지 않으면 온도를 맞춰주기 위해 드립 포트와 드립 서버의 물을 번갈아가며 옮기는 작업을 반복해 준다. 또한 핸드 드립을 하기 위한 물의 적정 온도는 직접 맛을 체크하면서 확인해 보는 것이 좋으며, 일반적으로는 85~95℃ 내로 맞춰주면 된다. 로스팅이 비교적 약하게 된 원두는 조금 더 고온의 물로 추출하는 것이 좋으며 로스팅이 비교적 강하게 된 원두라면 조금 낮은 온도의 물로 추출하는 것이 좋다.

여과지 준비

다음은 여과지를 미리 접어 드립퍼에 준비하는 것인데, 여과지를 잘 접어 두어야 커피 추출 시에 여과지가 드립퍼에 잘 접착되어 커피 추출이 용이해진다.

여과지를 접지 않고 넣었을 경우   여과지를 접고 넣었을 경우

❶ 칼리타, 메리타 형 드립여과지 접는 법

1. 여과지를 준비한다.
2. 밑면을 먼저 접는다.
3. 뒤집어서 옆면을 접는다.

밑면, 옆면을 접고 밑 부분을 살짝 접는다.

전체적으로 펴서 마무리한다.

❷ 고노 및 하리오 형 드립여과지 접는 법

윗면과 옆면을 살짝 접는다.

②번과 같이 마무리한다.

원두 준비

　분쇄도, 즉 분쇄된 원두의 굵기 및 직경으로 확인한다. 커피가루가 너무 가늘면 핸드 드립 추출 시에 추출물이 잘 생성되지 않아 시간이 길어지고, 잘못하면 마시기 힘들 정도로 쓰고 떫은 맛의 커피가 될 수 있다. 적정한 원두의 굵기는 0.5~1.0mm 정도가 좋다.

1. 그라인더에 원두를 적정량 넣는다.
2. 그라인더에서 원두를 분쇄한다.
3. 원두의 분쇄된 정도를 확인한다.
4. 분쇄된 원두를 준비해 둔다.
5. 원두 주변의 정전기를 제거한다.
6. 정리된 원두를 준비해 둔다.

원두를 분쇄하여 받아보면 그라인딩에 의한 마찰력이 생겨 원두가 잘 가라앉지 못하고 벽에 붙어있는 모습을 볼 수 있다. 그 이유는 그라인딩 하는 과정에서 정전기가 발생하기 때문인데, 그래서 옆의 사진처럼 툭툭 치거나 흔들어서 마찰력을 없애고, 분쇄된 원두를 잘 정리해 주는 작업이 필요하다.

사진과 같이 핸드 드립을 하기 위한 모든 준비가 되면 핸드 드립을 시작한다.

핸드 드립 커피 추출

핸드 드립 커피의 추출 방법은 여러 가지 방법이 있지만 일반적으로 나선형 드립 방법을 많이 사용하고 있다. 커피의 맛은 같은 드립 방법을 사용하더라도 드립퍼에 따라 커피 맛과 향의 차이가 있을 수 있다. 앞에서도 언급했듯이 칼리타 드립퍼로 추출한 커피 맛과 향이 조금 부드럽고 순하다면, 고노 드립퍼로 추출한 커피는 비교적 거친 맛과 진한 향이 느껴진다.

커피의 맛은 주관적이지만 분명한 건 어떤 드립퍼를 사용하느냐 그리고 어떤 드립 방법을 사용하느냐에 따라 추출되는 성분은 물론 커피의 맛과 향이 달라진다는 것이다.

일반적인 드립방법(나선형)

지금부터 칼리타 드립퍼에 의한 핸드 드립 방법을 시연해 보겠다.

드립퍼와 여과지를 세팅하고 그 안으로 분쇄된 원두를 담는다.

원두의 상태를 확인하고 향을 맡아 본다.

원두가 담겨진 상태에서 툭툭 치면서 수평을 맞춘다.

수평이 잘 맞춰 졌는지 확인한 후 뜸들일 준비를 한다.

물을 수직으로 가볍게 부어주면서 뜸을 들이고, 천천히 나선형으로 부어준다.

뜸 들이기가 완성된 모습이다.

위의 뜸들이기는 핸드 드립 커피의 전체적인 맛을 결정하는 가장 중요한 과정이다. 이때 투입되는 물의 양은 드립퍼에 담겨진 커피 전체를 가볍게 적셔주는 정도면 된다. 부은 물의 양을 확인하는 방법은 드립 서버에 떨어지는 물의 양이 방울로 몇 방울씩 떨어지면 적정량을 부은 것이다.

이렇게 뜸들이기가 끝나면 ⑦번 사진처럼 원두가 약간 부풀어 오르는 모습을 볼 수 있다. 이는 커피가 가지고 있는 이산화탄소와 같은 가스 성분들이 빠져나가면서 나타나는 현상이며 부풀어 오르는 현상이 끝날 때까지 기다렸다가 원두가 다시 가라앉기 시작하는 순간부터 물을 넣어 주면 된다.

이때부터 커피의 성분들을 잘 추출해야 하는데, 1차, 2차, 3차로 나누어 적정량을 추출하는 것이 좋다. 예를 들어 300ml를 추출해 낸다고 가정할 때, 1차 추출에서 100ml를 추출했다면 2차에서도 100ml, 3차에서도 100ml를 추출하면 된다. 만약 1차에서 50ml를 추출했다면, 2차에서 100ml, 3차에서 150ml 혹은 반대로 추출하면 된다.

중간 지점부터 나선형으로 물을 붓는다.

간격을 잘 맞추어 부어준다.

물을 붓는 방법은 드립 포트의 주입구 끝으로 나선형을 그리듯 중심 → 바깥, 다시 바깥 → 중심으로 그려주면 1회가 완료된다. 여기서 가장 중요한 사항은 속도와 물줄기, 주입구의 높이를 일정하게 유지하여야 한다는 것이다.

| 바깥 지점까지 부어준다. | 다시 중간 지점으로 부어준다. | 1차 추출을 완료한다. |

　1차 추출이 완료되고 어느 정도 추출물이 가라 앉으면서 추출물이 드립 서버에 내려가면 사진에 보이는 하얗고 누런 거품층이 다 내려가기 전에, 다시 2차 추출을 시행한다. 이때는 좀 더 빠른 속도로 비교적 굵은 물줄기를 부어 추출해 주는 것이 좋다. 이는 커피의 주요 성분이 뜸들어지면서 1차 추출에서 거의 다 추출되었기 때문이다. 2차, 3차 추출에서는 갈수록 추출하고자 하는 양을 맞추면서 조금 빠르게 물을 내려 주어야 긴 시간에 의해 추출되는 좋지 못한 성분의 생성을 막을 수 있다.

물을 빠른 속도로 바깥방향으로 붓는다.

다시 중심으로 부어준다.

2차 추출을 완료한다.

3차 추출을 시작한다.

마지막 3차 추출에서는 어느 정도 커피를 추출할 것인지 생각한 후에 3차 추출이 적정하다고 판단되면 추출을 끝낸다.

일반적으로 핸드 드립을 할 때에는 드립 서버에서 추출되어 나오는 추출액의 농도와 양을 확인하면서 추출해야 좋은 결과물을 만들 수 있다.

16 추출할 전체 양을 확인하면서 붓는다.

17 3차 추출을 끝낸다.

18 전체 양을 보며 기다린다.

19 다 내려가기 전에 옮겨준다.

20 잘 섞어준 후 잔에 담는다.

21 핸드 드립 커피 완성

지금까지 핸드 드립을 이용해 커피를 추출하는 방법을 설명하였다. 간단해 보이는 기계 추출과정과는 달리, 핸드 드립을 이용해 한 잔의 커피를 만들기 위해서는 많은 시간과 정성을 기울여야 한다. 핸드 드립으로 추출한 커피의 가장 큰 장점은 커피가루를 통해 직접 향을 느끼며, 커피 고유의 향과 맛을 직접적으로 즐길 수 있다는 점이다.

참고문헌

와인 & 커피용어해설 / 허경택 외 1인 / 백산출판사
커피입문교실 / 김영준 외 1인 / 훈민사
커피트레이닝바리스타 / 최성일 / 땅에쓰신글씨
바리스타의 길 / 권장하 / SICA
최신바리스타창업실무 / 안우규 외 1인 / 한올출판사
커피 인사이드 / 유대준 / 해밀
프로페셔널 바리스타 / Scott Rao 지음 / 주빈커피
Arina's Coffee
올 어바웃 에스프레소
커피바리스타 경영의 이해 / 최병호 / 기문사
에스프레소 이론과 실무 / 변광인 / 백산출판사
세계의 명품 커피 COFFEE / Jon Thorn, Michael Segal / 세경
기초 커피 바리스타 / 전광수 / 형설출판사
커피 이야기 / 원융희 / 백산출판사
커피 바이블 / 서진우 / 대왕사
커피 이야기 / 김성윤 / 살림
Cheung / Coffee Basic / Conari Press
W.H Ukers / All About Coffee / The Tea and Coffee Trade Jounal Company, New York
Peter Lummel / Kaffee be. / Bra-Verlag
Kenneth Davis / Coffee / St. Martin's Griffin

저자약력

허 정 봉

관광학 박사
(현) 동서울대학교 호텔외식학부 호텔관광경영학과 교수
(현) 바리스타 · 소믈리에 · 바텐더 · 차문화예절지도사 양성교수
한국차문화대학원 차문화예절지도사 전문사범, 규방다례
2013년 ~ 2013년 동서울대학교 종합인력개발센터 센터장
1998년 ~ 2012년 동서울대학교 관광학부 학부장
1990년 ~ 1998년 신세계그룹-웨스틴조선호텔(서울, 부산) 기획실 부장
1988년 ~ 1990년 대우그룹-서울힐튼호텔 재정부 실장
1986년 ~ 1988년 한국화이자제약(주) 재정부 주임
1985년 ~ 1986년 (주)태창 기획조정실 코디네이터

[자격증]
국제공인호텔모텔총지배인 자격증, 국제공인정보시스템감사자 자격증, 정보처리기사 자격증, 조주기능사 자격증, 차문화예절지도 전문사범 자격증, 전통주, 와인소믈리에, 커피바리스타, 우리 물, 우리 차 자격증, SCAE BARISTA LEVEL 1, 2, Roasting, 평생교육사 등

[학회 및 사회활동]
한국관광학회이사, 한국호텔외식학회이사, 한국공원휴양학회이사, 한국관호텔학회편집위원 한국정보시스템감사협회이사, 한국호텔리조트학회이사, 국민연금관리공단청풍리조트추진위원, 한국학술진흥재단심사위원, 충북단양군관광자문위원, 한국관광공사 정보추진위원, 한국산업인력공단 출제 및 평가위원(조주기능사 및 관광종사원), 한국직업능력개발원평가위원 인천관광공사설계자문위원, 한국호텔리조트경영인협회부회장, 성남시문화예술분과위원, 성남시민간감사관, 법무부범죄예방및형사조정위원, 2011년 관광의날 문화관광체육부장관표창

[대표적인 학술활동 및 저서]
학위논문
박사 학위논문 : 호텔정보시스템 서비스 품질 측정에 관한 연구(경기대학교 관광개발학과)
석사 학위논문 : 호텔 경영자동화 시스템에 관한 연구(성균관대학교 정보처리학과)
석사 학위논문 : 실버층의 관광지 선호요인에 관한 연구(숙명여자대학교 실버산업학과)

한 준 섭

ROTC 학군장교 중위 전역
커피자격 심사위원
식음료 교육자격
에스프레소머신 교육 수료(Rancilio)
디오커피랩 사업본부장
삼성 신라호텔 아티제 사원
프랜차이즈 본사 교육실장
카페 '포티올리' 커피전문점 매니져
카페 '오늘' 커피전문점 바리스타

현) 로스터리제이 대표(카페컨설팅/교육/원두제조납품 업체)
　 베이커리제이 대표(베이커리 교육/제조납품 업체)
　 카페로스터리제이 대표

[교육 경력]
서울현대직업전문학교 국비교무부 커피바리스타과정 전임교사로 부임(커피 관련 과정 교육 / 관리)
디오커피랩 사업본부장(커피관련 전반교육 / 카페창업컨설팅)
안양직업전문학교 카페창업과정 전문강사
한주제과전문학원 라떼아트/자격과정 전문강사
한국평생교육원 커피로스팅/블랜딩/커핑 전문강사
현 경희바리스타학원 카페창업과정/자격과정 전문강사
논현요리제과학원 자격과정 전문강사

[수상 내역]
한국평생능력개발원 주관 바리스타 대회 장려장 (지도교수)

바리스타 카페 창업
홀릭 커피 & 바리스타

발 행 일	2019년 1월 10일 개정3판 2쇄 발행
	2022년 5월 10일 개정3판 3쇄 발행
저 자	허정봉·한준섭 공저
발 행 처	 http://www.crownbook.com
발 행 인	이상원
신고번호	제 300-2007-143호
주 소	서울시 종로구 율곡로13길 21
공 급 처	(02) 765-4787, 1566-5937, (080) 850~5937
전 화	(02) 745-0311~3
팩 스	(02) 743-2688, 02) 741-3231
홈페이지	www.crownbook.co.kr
ISBN	978-89-406-2754-9 / 13590

특별판매정가 17,000원

이 도서의 판권은 크라운출판사에 있으며, 수록된 내용은 무단으로 복제, 변형하여 사용할 수 없습니다.
Copyright CROWN, ⓒ 2022 Printed in Korea

이 도서의 문의를 편집부(02-6430-7028)로 연락주시면 친절하게 응답해 드립니다.

크라운출판사
허정봉 저자 도서소개

커피전문가 필기+실기 자격시험합격문제
허정봉 지음 / 20,000원

동서울대학교 평생교육원에서 우리나라 대학 최초로 실시하는 커피전문가(Barista) 자격검정 필기시험과 실기시험을 대비할 수 있는 유일한 교재입니다. 커피전문가의 꿈을 꾸고 있는 이들이 반드시 알아야할 커피의 개론부터 커피전문가 자격검정 안내까지 필요한 정보가 모두 실려 있습니다.

집에서 즐기는 생활요리!
크라운출판사 요리·음료 도서로 쉽게 만드세요!

★ [앙토낭카렘] 제과장이 공개하는
  잘 팔리는 빵&디저트 실전레시피 56
   – 김종철 / 25,000원

★ 만능소스 황금레시피!!
   – 윤희숙 / 15,000원

★ ALL OF THE LATTE ART
  (올 오브 더 라떼아트)
   – 한준섭 · 전유정 · 김영은 / 18,000원

★ 건강차가 내몸에 최고
   – 김명희 · 이미진 · 박영은
                    / 20,000원

★ 내 몸이 좋아하고 맛있는 건강 약선요리 레시피 115
   – 윤희숙 / 20,000원

★ 엄마랑 아이랑 재미쿡쿡 요리시간
   – 요리코치 써니 / 15,000원